昭和～平成

阪神電気鉄道沿線アルバム

解説　辻 良樹

3601形3603他による特急。3601形・3701形は、小型車時代の全電動車編成から抜け出し、コストを抑えて大量の増備が図れる電動車と付随車に分けた編成を採用した形式。機器の性能向上によってＭ車Ｔ車の組み合わせでも出力を保てるようになり、昇圧前で経費が掛かる中、急行系車両の大形化や輸送力増強を図り、昇圧にも対応した。
◎西宮　1964（昭和39）年12月20日　撮影：J.WALLY HIGGINS

1章
カラーフィルムで記録された阪神電気鉄道

2章
モノクロフィルムで記録された阪神電気鉄道

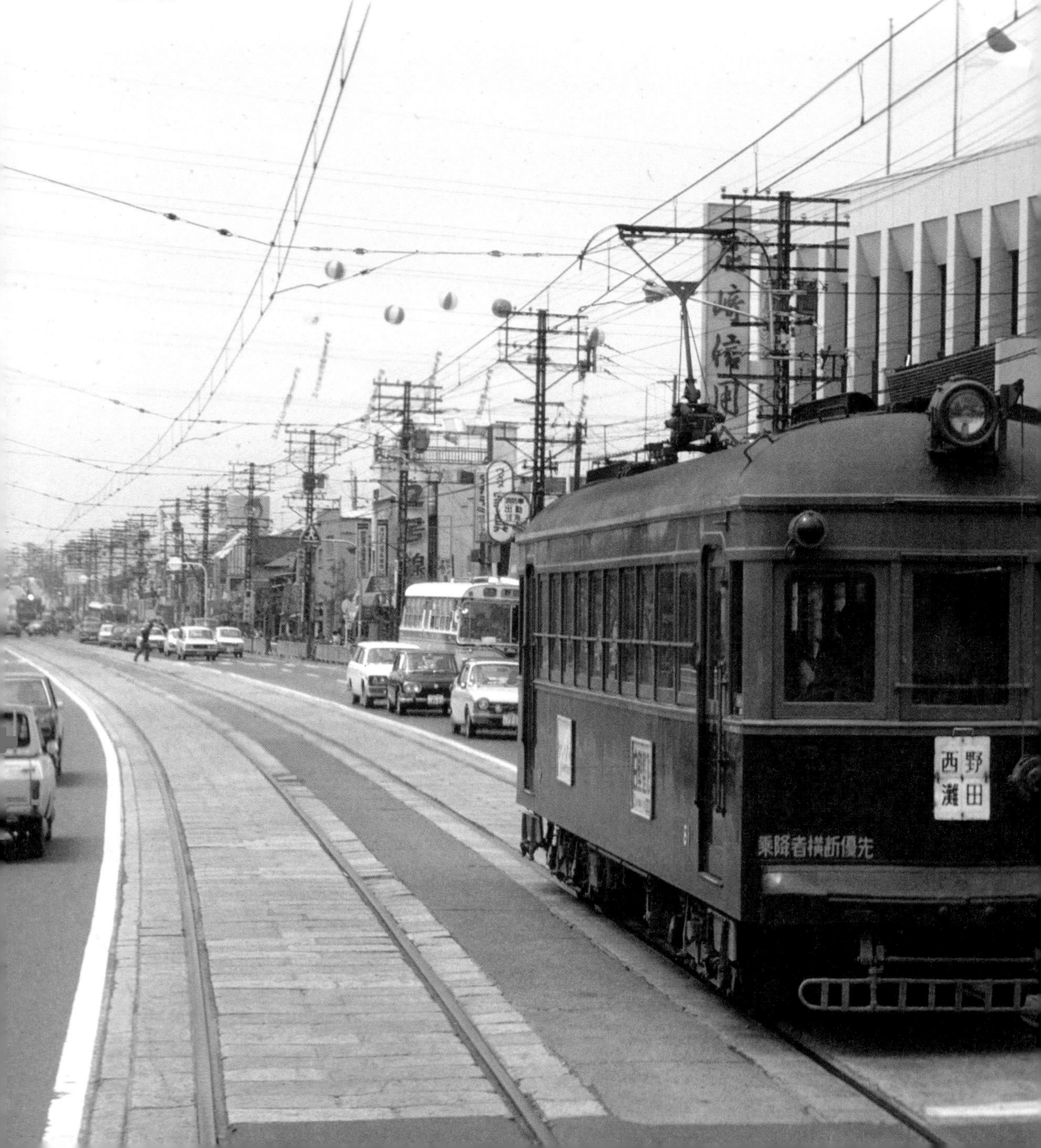

国道線を走る31形81。国道2号沿いにはさまざまな店が並び、写真奥にはア
ドバルーンが浮かぶ。走る車も懐かしく、まさに昭和の活気が国道線の併用軌
道とともに伝わってくる。
◎浜田車庫前付近　1970（昭和45）年4月29日　撮影：J.WALLY HIGGINS

はじめに

　阪神電気鉄道は、長らく小型車の王国だった。全電動車編成が駆け抜けた時代は、ひとつの阪神の魅力的な時代だった。本線に併用軌道が多かった時代から専用軌道の時代へと入り、ネックだった本線の併用軌道が解消されたことで、「喫茶店」スタイル一派やセンコウの2扉車が登場。阪神モダニズムの影響を受けた凝った電車が走ったり、2扉のスマートなスタイルの電車が登場したりと、関西私鉄の魅力を発揮してきた。

　一方で、阪神国道電軌を合併した国道線のほか、甲子園線、北大阪線の併用軌道線を運行。モータリゼーション前の国道沿いの発展に大きく貢献し、人口増加で阪神本線との相乗効果が見られた。阪神甲子園球場界隈の開発はかつての阪神電鉄の目玉で、上甲子園〜甲子園〜浜甲子園の甲子園線と阪神本線の甲子園駅が見事にリンクして、1970年代に界隈は一大レジャースポットとしてピークを迎えた。

　話を阪神本線に戻し、大型車の時代に入ると、梅田〜三宮をノンストップで運転した3011形が登場。当時の流行もあったが、湘南窓スタイルはこれまでの阪神のイメージを大きく変え、大型車時代の幕開けだった。さらにジェットカーの登場は、今日も継承される急行系と普通系の区別を明確にすることにつながり、急行系に特化した様々な赤胴車の登場にもつながった。かつての阪神と言えば、赤か青かという時代があった。

　コストの高い全電動車編成から脱皮し、MT編成が登場したり、経済性優先の簡略化した赤胴車が大量に増備されたりと、その形式が複雑で、またそれが趣味的な魅力でもあった。そのようなバラエティに富んだ赤胴車と青胴車の時代を感じられるのも、本書の魅力だろう。華々しい有料特急が走るわけではなく、一見すると地味に思われがちな阪神電鉄だが、大阪〜神戸間をいかに効率的に結ぶべきかを第一に考えてきた電鉄であり、都市間鉄道が担う使命を最も積み重ねてきたインターアーバンであろうかと思う。

2021年6月　辻 良樹

1章
カラーフィルムで記録された
阪神電気鉄道

7101形7109に特急マークを掲げて走る須磨浦公園発梅田行。当時の7001・7101形は電機子チョッパ制御。後年には界磁添加励磁制御へ換装され2000系となった。7001・7101形と言えば、阪神初の冷房付新製車として話題に。まだ家庭でのクーラーが贅沢品だった1970年代はじめに「六甲の涼しさを車内に」の宣伝文句はインパクトがあった。
◎姫島〜淀川　1982（昭和57）年3月4日　森嶋孝司（RGG）

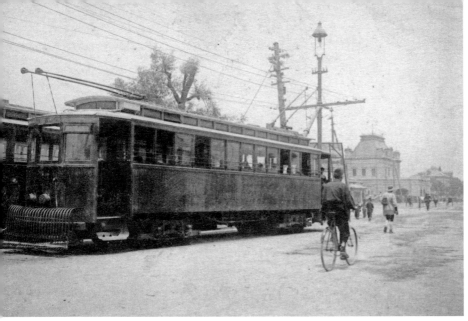

絵葉書に登場する阪神電鉄

所蔵・文 生田 誠

【梅田駅 (明治後期)】
阪神本線が開業した当初、大阪側の起点は出入橋駅だった。その後、1906 (明治39) 年12月に出入橋〜梅田間が延伸し、現在のように梅田駅が始発駅となった。このときの梅田駅は地上駅であり、現在地よりも西側にあった。右奥に国鉄の大阪駅が見えている。

【新造特急 (昭和戦後期)】
1954 (昭和29) 年にデビューした、阪神3011形電車の勇姿である。阪神初の高性能車、大型車として、梅田〜三宮間をノンストップ25分で走る特急用に使用された。その後、急行用の2扉ロングシートとなり、後に3扉へ改造された。

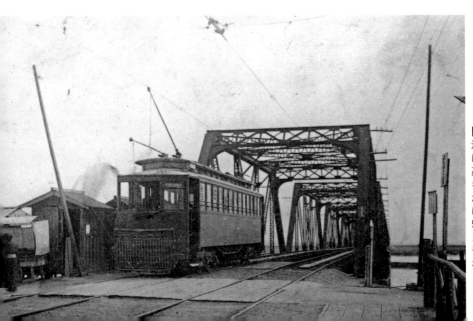

【淀川橋梁 (明治後期)】
淀川を渡る阪神1形電車。手前に見える駅は淀川駅で、現在は高架駅になっている。大型ボギー車の1形電車は、阪神本線が開業した1905 (明治38) 年に20両が導入されて、その後に50両に増えた。1号は米・ジョン・ステフェンソン社製で、2号以降は日本車輌製造で製造された。

【庄下駅（大正期）】
1905（明治38）年4月、阪神本線に開業した尼崎駅は、庄下川の西岸に置かれたため、庄下停留場とも呼ばれていた。奥に見えるのは前年に完成していた尼崎車庫で、この西側には尼崎火力発電所があって、ここで発電された電気が阪神本線で使用されていた。

【甲子園駅（昭和戦前期）】
この甲子園駅は、阪神本線が開業した当時は設置されていなかった。干支の甲子（きのえね）にあたる1924（大正13）年8月、甲子園運動場（現・球場）が開設された際に臨時駅として開業。1926（大正15）年7月に通年営業の甲子園駅となった。当初から高架駅だった。

【三宮駅（昭和戦前期）】
1933（昭和8）年6月、阪神本線には神戸側の地下新線が開通し、国鉄三ノ宮駅付近に新しい終着駅となる神戸（現・神戸三宮）駅が開業した。これは新しく誕生した地下駅のプラットホームである。この後、1936（昭和11）年3月には元町駅まで延伸し、三宮駅に改称した。

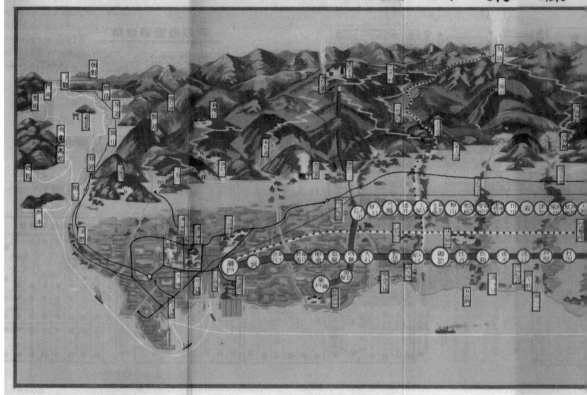

【阪神電車沿線案内図（昭和戦前期）】
赤い太線で描かれた阪神本線、国道線などに対して、他社線は細い黒線で示されている。大阪側では、大阪市電も同じ黒線であり、蜘蛛の巣のような不思議な図になっている。阪神本線の南側、大阪湾に面した各地には、「魚つり」「汐干がり」ができる場所が点在している。一方、国道線の北側では、いちご狩りができる農園が記されている。神戸側の起終点駅は神戸駅だったが、1936（昭和11）年３月に元町駅まで延伸して新たな起終点駅となる。（所蔵・文：生田誠）

【阪神電車沿線名所図絵（大正後期）】
脇浜駅、新生田川駅が見える阪神本線の沿線名所図絵で、現在の新在家駅が東明駅として記載されている。その隣に見えるのは初代新在家駅で、初代新在家駅は1929（昭和４）年に廃止された。地図の中央付近、甲子園駅付近には甲子園運動場が開場しており、お隣の鳴尾駅の南側には鳴尾競馬場が描かれている。甲子園駅の開業は1924（大正13）年８月であるが、1926（大正15）年７月に開業する甲子園線はまだ開通していない。（所蔵・文：生田誠）

阪神電車

阪神電車沿線名所圖繪

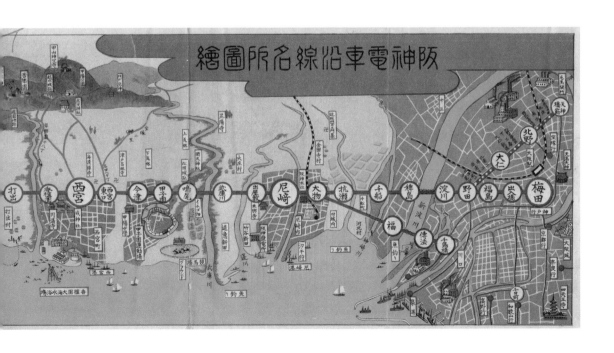

9

**【阪神電車沿線案内図
（昭和戦前期）】**
甲子園駅から南に延びる甲子園
線や国道線、尼崎海岸線などが
既に開通している昭和戦前期の
阪神電車の沿線案内図である。
甲子園線は浜甲子園駅から延伸
し、中津浜駅が終着駅となって
いる。この延伸は1930（昭和5）
年7月なので、それ以降に作ら
れた地図であることがわかる。
甲子園駅付近には、甲子園大運
動場とともに甲子園プール、テ
ニスコース、クラブハウスも誕
生している。この頃は摩耶山に
上るケーブルカーが存在してい
た。（所蔵・文：生田誠）

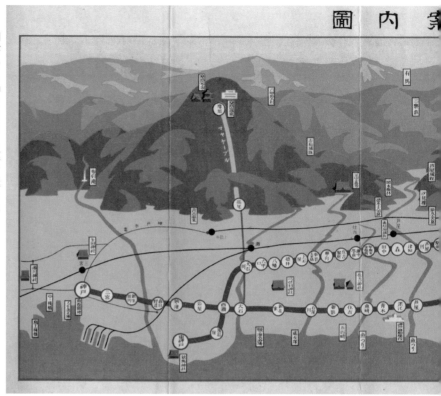

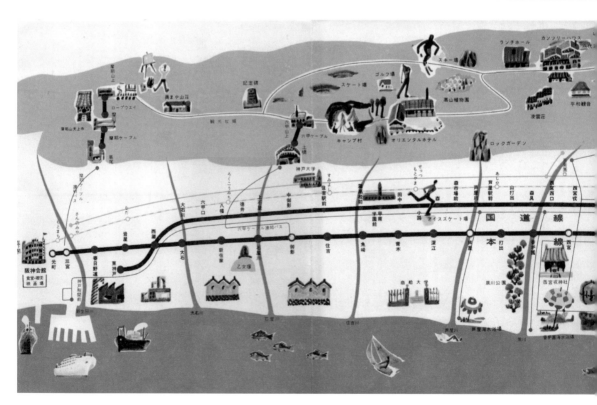

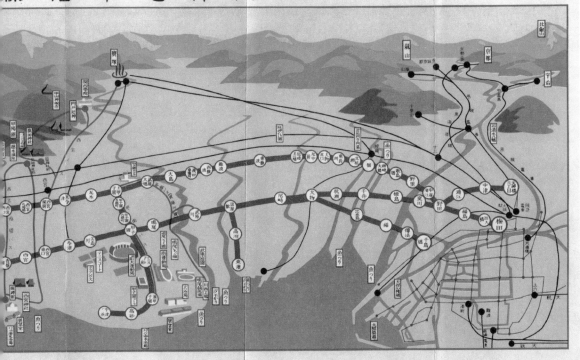

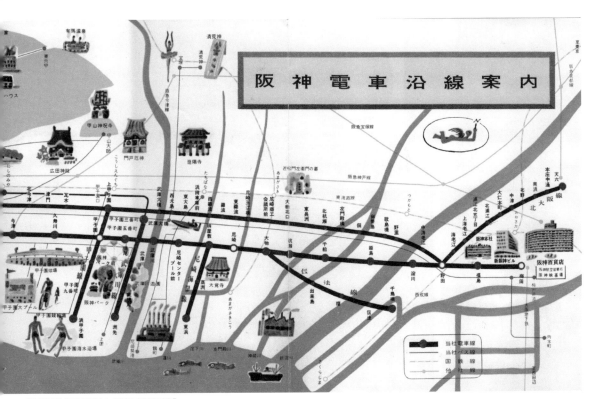

【阪神電車沿線案内（昭和戦後期）】
戦後の阪神電車沿線案内で、この頃はまだ国道線が走っていた。本線の大阪側の起点である梅田駅付近には、阪神本社とともに新阪神ビル、阪神百貨店が描かれている。野田駅から北東に延びる北大阪線は、中津、北野を経由して天六（天神橋筋六丁目）駅に至っていた。出屋敷駅から東浜駅へ向かう尼崎海岸線もまだ存在していた。一方、神戸側の終点は元町駅で、ここには阪神会館が描かれている。住吉、新在家駅の南側には酒蔵のイラストが見える。（所蔵・文：生田誠）

阪神本線（1）

野田駅で顔を合わせた赤胴車3701形
3710と青胴車5231形5235。3701
形、5231形ともに高度経済成長期の輸
送力増強時代の申し子で、従来車より
もコストを抑制した経済性優先の量産
車だった。3601形・3701形について
は、急行系小型車の全電動車編成から
脱却したM車とT車の編成を実現し、
大いにコストダウンを図り、赤胴車の
中で一番多い在籍数を誇った。
◎野田　1970（昭和45）年4月29日
撮影：J.WALLY HIGGINS

小型車の電動車が列を成して駆ける姿はかつての阪神の魅力であった。写真は851形890を後尾車として走り去る急行。851形の貫通扉は優美な折戸で「走る喫茶店」と称された。各車乗降口にステップの張り出しが見られる。これは大型車3011形のデビューでプラットホームの改良が施され、小型車とホームとの隙間をカバーするためのものだった。
◎野田付近
1957（昭和32）年5月13日
撮影：J.WALLY HIGGINS

7801形7822が先頭で走る特急。7801形は制御電動車。7801・7901形は、旧来の小型車から大型車への置き換えを進める中で、ラッシュ時も大型車両へ統一するべく登場した形式。構造を簡略化して大量に製造され、1963（昭和38）年〜1971（昭和46）年まで増備が続いた。写真の7822は1965（昭和40）年竣工。
◎野田〜淀川　1982（昭和57）年3月4日　撮影：森嶋孝司（RGG）

２次車に比べて屋根を高くした7801・7901形３次車。写真に写る先頭車は7801形7850。7801・7901形３次車は、冷房付新製車7001・7101形と連結することを想定して製造され、新製時から冷房装置を搭載。写真は7801・7901形から2000系への改造が順次始まっていた頃で、改造時期が近づきつつある頃の様子。
◎野田〜淀川　1992（平成４）年４月13日　撮影：森嶋孝司（RGG）

5331形5331。数字の5の次の3は、三菱電機製の電機子チョッパ制御器の搭載を表す。写真は、4両編成固定化後の5331形5331の前面。5131・5331形は4両編成固定化に伴って、前面の貫通幌や桟板を撤去。撤去後の幌枠部にステンレスの枠を取り付けた。写真の5331形5331は1990（平成2）年に4両固定編成化の改造が行われた。
◎姫島〜淀川　1992（平成4）年4月13日　撮影：森嶋孝司（RGG）

淀川橋梁上で青胴車とすれ違う3501形3511ほか。写真は急行梅田行。昭和50年代後半は、まだ活躍のシーンが多く見られた3501形。初代赤胴車として登場。本格的な高性能化時代へ導いた車両で、朱色のカラーが輝いて見えた。
◎姫島〜淀川　1982（昭和57）年3月4日　撮影：森嶋孝司（RGG）

駅は1978（昭和53）年に高架化。西大阪線（現・阪神なんば線）は尼崎～大物間で阪神本線と並行し、大物駅で阪神本線と分かれる。島式ホームと相対式ホームによる3面4線で写真は尼崎側から見た様子。写真左側より1番線～4番線と続き、島式ホームは2番線と3番線。1～2番線が阪神本線で2番線を下り特急が通過中である。写真右側の3～4番線は西大阪線。
◎大物　1982（昭和57）年3月4日
撮影：森嶋孝司（RGG）

阪神本線の駅は杭瀬駅から兵庫県内の駅になる。写る先頭車は7801形7818。東京オリンピック開催の1964（昭和39）年竣工。行先種別表示器の特急マークが誇らしげで、須磨浦を大きく、公園を小さく表示している。行先種別表示器は新製時にはなく、7801・7901形の1次車は1977（昭和52）年から取り付けを開始した。
◎杭瀬～大物
1982（昭和57）年3月4日
撮影：森嶋孝司（RGG）

8000系は、阪神で初めて急行用新造車に界磁チョッパ制御を搭載した形式。写真は、8000系8215で区間急行梅田行。8215は写真と同年の1986（昭和61）年製。8000系の第2編成にあたり、額縁風の前面形状やスカートの取り付け、側面窓の一段下降式など、8000系第1編成とは大きく異なるスタイルで、この第2編成以降を8011系と呼ぶ場合もある。
◎尼崎～大物　1986（昭和61）年8月14日　撮影：森嶋孝司（RGG）

1101形1104。併用軌道区間の解消や地下化を進めた阪神は、木造車を鋼体化改造のうえ、高速運転に見合う1001形として登場させた。1001形の1101形は1933（昭和8）年に登場し、台枠も含んだ車体新造の両運転台車である。
◎尼崎　1956（昭和31）年10月　撮影：J.WALLY HIGGINS

淀川を渡る1121形1121。1121形は、1001形の
後期製造グループにあたり、阪神間モダニズムの
影響を受けた車両のひとつ。側面窓上の明かり採
り窓が並ぶ洒落たデザイン。現在のカラフルな阪
神車からすれば、とってもシックだった茶系塗色
時代の阪神。1950年代は戦前からの名車が多く
活躍していた。
◎淀川〜姫島　1957（昭和32）年5月13日
撮影：J.WALLY HIGGINS

カーブをやってきた801形の急行。前面5枚窓の
特徴あるマスクだ。貫通扉の窓に白いものが写る
が、これは運転士の白いシャツ。運転士は貫通扉
後ろの真ん中に立ち、左右に配置された運転機器
を操作。その姿がドラマーのようで「バンドマン」
というニックネームが生まれた。
◎出屋敷〜尼崎　1959（昭和34）年7月3日
撮影：J.WALLY HIGGINS

武庫川線

阪神本線武庫川駅の下にある武庫川線ホーム。写真奥で武庫川線とクロスするのが阪神本線。当時の武庫川線ホームは写真のようだったが、現在は島式ホーム1面2線になっている。写るのは3301形3302。3301形は単行では冷房装置が使用できないため非冷房で運行していた。当時は武庫川団地前駅へ延伸しておらず、武庫川〜洲先の行先方向板を掲げる。
◎武庫川　1982 (昭和57) 年3月4日　撮影：森嶋孝司 (RGG)

武庫川土手横を走る71形76。奥に見えるのは単式ホーム1面1線化される前の東鳴尾駅。当時の東鳴尾駅は相対式ホーム2面で跨線橋があった。現在は単式ホーム1面1線から島式ホーム1面2線となり、構内踏切あり。写真は東鳴尾駅から当時の終着駅洲先駅へ向かうところ。東鳴尾駅と洲先駅間はおよそ400mという近さ。
◎東鳴尾〜洲先　1959（昭和34）年7月3日　撮影：J.WALLY HIGGINS

写真当時の武庫川線は洲先駅が終着駅。3301形3302の単行電車に武庫川〜洲先の方向板が掛かる。元の洲先駅は南に位置し、1984（昭和59）年にほぼ同位置に武庫川団地前駅が開業。同駅へ終着駅が移り、武庫川線の運行は冷房車2両編成となった。
◎洲先付近　1970（昭和45）年4月29日　撮影：J.WALLY HIGGINS

武庫川の堤の横を走る3301形3302。普通と表示する表示器が見られるが、表示器は後付けされたもの。3301形は武庫川線専用というわけではなく、阪神本線との共用で本線では増結用として運用していた。1984（昭和59）年の武庫川団地前駅延伸で武庫川線が2両編成での運行になると、武庫川線の単行運用に回っていた3301形は阪神本線で引き続き運用された。
◎武庫川〜東鳴尾
1982（昭和57）年3月4日
撮影：森嶋孝司（RGG）

阪神本線（2）

3521形3522が写る。1967（昭和42）年竣工。5両編成の急行のため、7801形・7901形の設計を元に製造された電動車だった。写真は冷房化改造前でパンタグラフが運転台側に設置されていた時代。後に、冷房化とあわせて下枠交差式のパンタグラフが連結面側へ取り付けられた。◎甲子園　1972（昭和47）年4月1日　撮影：矢崎康雄

冷房装置が目を引く7101形7107。7001形・7101形は冷房装置搭載で製造された阪神初の車両。また、電機子チョッパ制御をいち早く採り入れた電車としても知られる。制御車＋電動車＋電動車の3連。7801形・7901形3次車による抵抗制御車2連と組んだ5両編成。◎甲子園　1972（昭和47）年4月1日　撮影：矢崎康雄

3501形3515を先頭にして、西九条〜三宮の特急マークを掲げて颯爽と走る西大阪線特急。千鳥橋〜西九条間が開業した翌年
1965（昭和40）年に運転を開始した西大阪線特急。1974（昭和49）年12月の西大阪線特急廃止まで運行された。
◎甲子園　1972（昭和47）年4月1日　撮影：矢崎康雄

冷房装置付の青胴車、通称5271形。写真はそのトップナンバーの5261形5271。1970（昭和45）年に製造された5261形2次
車で普通系車両初の新製冷房車だった。当時の他の私鉄ではまだまだ各駅停車用に冷房車は普及しておらず、冷房付の青胴車
は当然ながら注目の的であった。◎甲子園　1972（昭和47）年4月1日　撮影：矢崎康雄

5311形は、増結車として1960年代末期に登場した形式。青胴車ジェットカーの第2世代にあたる。写真は冷房化や電機子チョッパ制御化後の5311形。下枠交差式のパンタグラフになっている。写真の5311形5314に行先表示板が見られる。同車はその後も表示器が設置されず、行先表示板を掲げて走り続け、ファンに人気があった。
◎鳴尾～甲子園　1982（昭和57）年3月4日　撮影：森嶋孝司（RGG）

2000系2205が写る。2000系は1990（平成2）〜1993（平成5）年に登場した形式。6両固定編成を行うために、7001・
7101形と7801・7901形3次車を改造し、制御器を界磁添加励磁制御へ換装した。写真は快速急行梅田行に運用中の姿。
◎甲子園　1992（平成4）年4月13日　撮影：森嶋孝司（RGG）

7801形・7901形。1963（昭和38）年
〜1971（昭和46）年まで製造された
赤胴車。写真の7801形7815はその
1次車。経費を節約して量産され、前
面は簡素な切妻タイプになっている。
1968（昭和43）年の神戸高速鉄道開業
に伴う輸送量増大をカバーし、一大勢
力を誇った形式である。
◎西宮　1964（昭和39）年12月20日
撮影：J.WALLY HIGGINS

「ジェットシルバー」と「ジェットブルー」のコンビがカーブを走り去る。シルバーは5201形の5201と5202のシルバーコンビでこの2両の限定。ステンレス鋼を外板に用い、軽量化や保守軽減の試験を兼ねた。写真奥の先頭車は青胴車＝ジェットブルーの5101形。
◎西宮　1964（昭和39）年12月20日　撮影：J.WALLY HIGGINS

地上時代の西宮駅と旧塗装時代の8000系。写真左側に見えるように、当時は高架駅を建設中だった。写る8000系8241編成は1993（平成5）年2月竣工。1991（平成3）年竣工以降のタイプで、新製時から貫通扉にもワイパーを取り付けた。8000系は大量に製造され、製造時期によって差異があり、ホームに入って来る8000系のタイプを前面で見分ける場合に、この貫通扉のワイパーの有無が役立った。現在は各8000系の貫通扉にもワイパーが後付けされている。
◎西宮　1997（平成9）年9月21日　撮影：荒川好夫（RGG）

5500系5503編成。5501編成に続き、阪神・淡路大震災で廃車になった車両の代替を目的に予定より早く製造された。写真と同年の1996（平成8）年1月に営業運転開始。VVVFインバータ制御の新車で、アレグロブルーとシルキーグレイの車体色が震災後の強い味方となった。◎深江〜芦屋　1996（平成8）年4月30日　撮影：松本正敏（RGG）

1995（平成7）年1月の阪神・淡路大震災から一ヶ月後の沿線と運行中の青胴車5131形。青木の駅名は「おおぎ」と読む。崩れ落ちた屋根瓦が痛々しい。5131・5331形も多くの編成が被災し、写真当時は復旧未定の同形も多数あった。そのような中、被災を免れた車両で運行されていた。◎魚崎〜青木　1995（平成7）年2月17日　撮影：岩堀春夫（RGG）

1959（昭和34）年から翌年に製造された「ジェットカー」の量産車5101形・5201形。駅間が短い阪神にあって、高加減速を実現することで優等列車の運行の妨げを防ぎ、高頻度運転を維持。まるでジェット機のように加速・減速するので、このようなニックネームになった。優等列車用の赤胴車に対して青胴車。両運転台が5101形で片運転台が5201形である。
◎住吉　1964（昭和39）年12月20日　撮影：J.WALLY HIGGINS

3561形3565を先頭にして走る3561形・3061形の特急梅田行。元は特急用クロスシート車で非貫通流線形2枚窓の3011形
だった。前面貫通化やロングシート化で登場時の面影が少なくなっていたが、特急用2扉車の名残を留めていた。
◎住吉　1964（昭和39）年12月20日　撮影：J.WALLY HIGGINS

3000系3111。特急梅田行。7801・7901形＋3521形を界磁チョッパ制御に改造して更新した形式が3000系。1983（昭和58）年から改造竣工し、写真の3111は1989（平成元）年に登場した。3111は2003（平成15）年に廃車。写真のような赤胴車による特急運用が日常的なものだったのも、今や過去の懐かしいシーンとなった。
◎御影〜住吉　1997（平成9）年9月21日　撮影：荒川好夫（RGG）

5500系5501編成による梅田行。5500系は、阪神で初めてVVVFインバータ制御を採用した形式。阪神・淡路大震災で被災した車両の廃車が発生し、予定よりも早く製造が開始され、第一陣として写真の5501編成が1995（平成7）年11月に営業運転へ投入された。◎御影〜住吉　1997（平成9）年9月21日　撮影：荒川好夫（RGG）

写真の8000系8523は、阪神・淡路大震災被災で廃車解体の8223編成8223の部品を活用した代替新造車で、8223に300がプラスされた。被災編成の8223編成の中で復旧した2両の8023、8123に新造の8523を投入し、8102、8002、8502との6両で固定編成（8523編成）となった。なお、神戸方先頭車の8502は、元大阪方先頭車8201で、同車の復旧にあたり、方向転換に伴う床下機器の付け替え改造を行った。◎御影～住吉　1997（平成9）年9月21日　撮影：荒川好夫（RGG）

9000系9201。トップナンバー編成で快速急行梅田行。9000系は阪神の急行系運用車両で初めてVVVFインバータ制御を搭載。また久々のステンレス車として登場。阪神・淡路大震災での被災車両の廃車分を補うため、1996（平成8）年に一気に30両が製造された。◎御影～住吉　1997（平成9）年9月21日　撮影：荒川好夫（RGG）

特急マークが誇らしげな3011形の特急。フィルムが色褪せているが、赤茶にベージュの塗装だった。試作車ジェットカーの5001形もそうだが、この当時の流行りの車体デザイン。1954（昭和29）年に登場し、梅田〜三宮間を25分でノンストップ運転した。◎御影　1956（昭和31）年10月　撮影：J.WALLY HIGGINS

相互直通運転で阪神電鉄本線の大石駅へ入線する山陽電鉄3200系。1970（昭和45）年竣工の3200系3202が写る。3200系は、転用した2000系の主電動機や駆動関係を使った形式で、写真の3202は改造編入車ではなく新造車。◎大石　1973（昭和48）年12月11日　撮影：荒川好夫（RGG）

神戸市灘区の大石～新在家間を走る急行梅田行。1972（昭和47）年に7001・7101形の増備車を4両固定編成で3編成製造。写真の7101形7117はそのうちの1編成にあたり7月に竣工した。写真は1980年代中頃で、2000系への改造はまだ先のこと。後に2000系になったものの、現在では全廃している。◎大石～新在家　1985（昭和60）年7月16日　撮影：森嶋孝司（RGG）

5131形5141ほか。5131・5331形は、電機子チョッパ制御を阪神の量産普通用車両で初めて採用した形式。5131形は東芝製の電機子チョッパ制御で、一方の5331形は三菱電機製。1981（昭和56）～1983（昭和58）年に製造され、非冷房の5231形を置き換えた。◎大石～新在家　1985（昭和60）年7月16日　撮影：森嶋孝司（RGG）

1968（昭和43）年の神戸高速鉄道東西線の開業で阪神電鉄と山陽電鉄の相互直通運転が開始され、大石駅ではこのような阪神車と山陽車の並びが見られた。当時は日常的なシーンだったが、今から思うと、阪神の青胴車と山陽のネイビーブルーの塗色が、青色同士で並んでいたことになる。◎大石　1973（昭和48）年12月11日　撮影：荒川好夫（RGG）

7701形7705ほかによる特急梅田行。7601・7701形は、3601・3701形を1970年代初めに改造した形式。電機子チョッパ制御へ換装、電磁直通ブレーキへの改造、冷房装置の取り付けを行った。写真は前面と側面への行先表示器取り付け後の姿。この後の7601・7701形の活躍は長くはなく、1980年代末期から廃車され、1991（平成3）年に全廃となった。
◎大石〜新在家　1985（昭和60）年7月16日　撮影：森嶋孝司（RGG）

1968（昭和43）年4月に神戸高速鉄道東西線が開業。開業によって阪急・阪神・山陽の相互直通運転が開始され、阪神と阪急の電車が同じ駅で並ぶ姿も実現した。写真は阪神梅田〜高速神戸間の行先板を掲げた特急で3561形が写る。3561形・3061形は、阪神初の高性能車として登場した3011形特急用2扉セミクロスシート車を、前面貫通化しロングシート車にした形式。当初は2扉ロングシートだったが、後に写真のような3扉へ改造した。
◎高速神戸　1973（昭和48）年12月10日　撮影：荒川好夫（RGG）

阪神梅田～須磨浦公園と記された行先方向板と特急マークが付く7801形7838が写る。7801形のうち、1969（昭和44）年竣工の7835からのタイプで、7838は1970（昭和45）年竣工。初期車のタイプとは異なり両開き扉車で登場。空気の調和を行う通風装置であるラインデリアを備え、低い屋根になった。後に冷房装置取り付け改造や屋根側に張り出すような側面行先表示器の設置が行われ、写真当時とその後では見た目の印象が異なった。ちなみにこの7838編成（7838＋7938）は最後まで残った7801形・7901形だった。◎須磨浦公園　1970（昭和45）年4月29日　撮影：J.WALLY HIGGINS

1965（昭和40）年10月竣工の7801形7830。阪神梅田～須磨浦公園間の方向板を付けた赤胴車の特急。神戸高速鉄道東西線開業によって、阪神の特急は須磨浦公園駅まで運転を開始。同駅は折り返し駅となった。現在も大阪梅田駅～須磨浦公園駅間で直通の特急が運行されている。◎電鉄須磨～須磨浦公園　1973（昭和48）年12月11日　撮影：荒川好夫（RGG）

須磨浦公園駅で折り返す赤胴車の特急。折り返し電車は、須磨浦公園駅の姫路方の引き上げ線（本線に挟まれた中線）へ一旦入り折り返す。停車中の赤胴車の脇をすり抜けるのは山陽電鉄の850形。かつては非貫通前面の特急用ロマンスカーだったが、当時はロングシート化されて久しい頃で、同形の820形の中には写真の年に廃車となった編成もあった。
◎須磨浦公園　1973（昭和48）年12月11日　撮影：荒川好夫（RGG）

須磨浦公園駅で折り返してきた7801形の特急で7830が写る。同車は7801形の初期車で、初期車までの特徴である片開き扉の乗降扉が並ぶ。車両設計を簡略化することで大量の増備車を製造し、阪神から小型旧性能車を淘汰した。
◎須磨浦公園〜電鉄須磨　1973（昭和48）年12月11日　撮影：荒川好夫（RGG）

西大阪線（現・阪神なんば線）

大物駅の西大阪線ホームと3501形3506。当時の西大阪線ホームは短いホーム上屋であった。尼崎～西九条の行先板が今や懐かしい。両運転台の3301形に対して、3501形は片運転台車。3301形は4両のみの製造だったが、3501形は20両製造された。◎大物　1982（昭和57）年3月4日　撮影：森嶋孝司（RGG）

淀川を渡る青胴車ジェットカー5201形。川の西側に並行して伝法大橋があり、川の東側が阪神本線淀川〜姫島間だ。福〜伝
法間は、阪神本線姫島〜千船間と並び、阪神電鉄の路線で最も駅間が長く1.5kmの駅間距離である。
◎伝法〜福　1973 (昭和48) 年10月　撮影：荒川好夫 (RGG)

正蓮寺川を渡る2両編成で昔日の正蓮
寺川を伝える写真でもある。当時は撮
影する気になるような川と電車の風景
だったが、現在では風景が一変し、川
は塞がれ、川の下を走る阪神高速2号
淀川左岸線の正蓮寺川トンネルが2列
並んで盛り上がっている。
◎伝法〜千鳥橋
1987（昭和62）年6月14日
撮影：安田就視

高架線を走る青胴車。当時は尼崎〜西九条間の西大阪線時代。この高架線がさらに活かされて阪神なんば線になるのは、まだ先のことだった。ちなみに阪神なんば線に九条駅があるが、同じ九条が付く駅でも、西九条駅は高架駅、九条駅は地下駅だ。
◎千鳥橋〜西九条
1984（昭和59）年1月29日
撮影：安田就視

軌道線（国道線、北大阪線、甲子園線）

阪神国道の併用軌道を走る31形83。写真を見ると、行先方向板ではなく、右上の行先方向幕を使用している。31形を撮影した多くのカラー写真がこの行先方向幕を使用しなくなって以降のもので、方向幕器を内側から塞いだ写真が多いため、このように実際に行先を表示している行先方向幕器が写るシーンは貴重である。
◎野田　1957（昭和32）年5月13日　撮影：J.WALLY HIGGINS

国道線、甲子園線、北大阪線は、「阪神国道電車」とも呼ばれて、停留場から気軽に利用できる公共交通として親しまれた。戦前からの車両がほとんどで白熱灯が灯る今で言うレトロな雰囲気であった。
◎野田　1973（昭和48）年10月19日　撮影：荒川好夫（RGG）

野田〜西灘の方向板を掲げた31形87。80番台という数字は製造数と数が合わない飛んだ車番だが、これは40番台の車番を途中で欠番にするなどしたためで、いきなり80番の車番になっていた。ホームに「電車はこの位置」の案内。当時はこのような手書き案内を駅でよく見掛けた。◎野田　1973（昭和48）年10月19日　撮影：荒川好夫（RGG）

武庫大橋の南を走る31形38。阪神国道の車の波に呑まれて走る。撮影の同月17日には写真の神戸側先、上甲子園〜西灘間が廃止、翌年5月には阪神国道線が全廃される。当時は日常の景色だったが、今見ると懐かしい車のオンパレードだ。写真左端に写るコカ・コーラの看板を掲げた国道沿いの食堂も懐かしい。◎武庫大橋〜上甲子園　1974(昭和49)年3月　撮影:小泉 喬(RGG)

1970年代の阪神本線野田駅の駅前風景。国道線野田〜上甲子園の方向板を付けた201形207がやってきた。写真左端を見ると、逆三角形の国道標識が立ち、国道2号を表示。まさしくその名のとおり、国道線だった。
◎野田付近　1972（昭和47）年４月１日　撮影：矢崎康雄

1形27。この1形27は後に車体更新が施工され、特徴的だった側面のリベットが大幅に無くなり、のっぺりした姿になった。廃車後、阪神パークで保存されていた車両としても有名。ただし、27の車番ではなく1号として展示していた。乗降扉下にあるのは、阪神併用軌道線用車両の特徴であるホールディング・ステップ。扉の開閉にあわせて折り畳み式のステップが昇降する。
◎野田　1970（昭和45）年4月29日　撮影：J.WALLY HIGGINS

１形４。側面前方の下に阪神の社章が白くペイントされているのがわかる。いかにも昭和という街並み。写真左に赤電話と「家中みんなで」の宣伝文句が入ったオロナイン軟膏の琺瑯看板。浪花千栄子がオロナインを持つ看板は、昭和世代にお馴染みの看板。浪花千栄子の本名が南口キクノ（なんこうきくの）で、その縁らしい。
◎野田　1970（昭和45）年5月1日
撮影：J.WALLY HIGGINS

31形85。隣の駅は阪急の中津駅。野田〜天神橋筋六丁目間は国道線（阪神国道電軌）よりも早い開業で、1914（大正3）年の開業。よってかつての開業当初の車両は四輪車の昔ながらの路面電車で昭和に入ると輸送力の面で見劣りがするようになった。そこで登場したのが写真の31形だった。◎中津　1970（昭和45）年5月1日　撮影：J.WALLY HIGGINS

中津を発車、国鉄梅田貨物線をトラス橋でオーバークロスし、野田方面へ向かう1形25。トラス橋を渡る音や渡り切って降り
てくる1形の鼓動が聞こえてきそうだ。そして鮮やかなポジフィルムが美しい。写真右側に並ぶ壮観な高架は、梅田から続く
阪急の各線。◎中津　1970（昭和45）年5月1日　撮影：J.WALLY HIGGINS

北大阪線野田〜天六の行先方向板を掲げた1形13。1形は1927（昭和2）年の阪神国道電軌の開業時に登場。つまり、元は国道線用だった。天六とは天神橋筋六丁目の略。60年以上前の大阪の景色。背後に北大阪線が国鉄貨物線を越えた中津のトラス橋が写る。◎中津　1959（昭和34）年7月3日　撮影：J.WALLY HIGGINS

国鉄貨物線を越えるトラス橋を行く1形13。奥に見える駅は阪急の中津駅。写真右側のトラス橋は阪急各線。このトラス橋や
周辺は撮影名所で、この写真集でもこれでもかというぐらいに掲載している。
◎中津　1966（昭和41）年12月31日　撮影：J.WALLY HIGGINS

北大阪線と１形21。北大阪線は淀川東岸の野田〜中津〜天神橋筋六丁目間を結んだ併用軌道線。野田阪神と呼ばれる交通の接点野田と新京阪に端を発する阪急天神橋駅との接点天神橋筋六丁目間を行き来した。国道線、甲子園線よりも歴史が古く、1914（大正３）年に開業している。◎天神橋筋六丁目　1966（昭和41）年12月31日　撮影：J.WALLY HIGGINS

甲子園球場との有名な撮影スポット。1942（昭和17）年竣工の201形206。当時の制服姿の運転士が写る。201形は71形に比べて角張った印象だった。これは戦時中の製造になったためで、それでも71形のスタイルを少しでも踏襲しようという心意気を見せた。◎甲子園　1964（昭和39）年12月20日　撮影：J.WALLY HIGGINS

71形77。金魚鉢と甲子園線上甲子園。国道線は銀行が写る手前。金魚鉢とはよく付けたニックネームだった。この細長い窓やスタイルは独特で、阪神併用軌道線を物語る名車。インパクトが強い電車だけに、鉄道ファンの知名度が高かった。
◎上甲子園　1964（昭和39）年12月20日　撮影：J.WALLY HIGGINS

91形91。71形よりも角張った形状。写真は国道線との接点上甲子園で甲子園線の上甲子園。ここから甲子園〜浜甲子園間が結ばれていた。阪神本線甲子園駅や阪神甲子園球場、阪神パークへアクセスできる便利な併用軌道線だった。
◎上甲子園　1970（昭和45）年4月29日　撮影：J.WALLY HIGGINS

写真奥が甲子園球場。手前には甲子園競輪場の案内塔が立つ。201形211がやってきた。211は1943（昭和18）年竣工。201形は物資不足が続いたおもに戦時中に製造されたため、71形のような凝った作りではなかったが、71形金魚鉢と類似しており、201形は201形で地元ファンを中心に親しまれた。浜甲子園は浜側、上甲子園は国道線と接続した。◎甲子園　1972（昭和47）年4月1日　撮影：矢崎康雄

奥に甲子園球場のスタンドが見渡せる。球場手前の高架の道路は阪神高速3号神戸線。写真は阪神本線甲子園駅からの俯瞰撮影と思われる。阪神甲子園線甲子園停留所は、阪神本線甲子園駅の高架下に位置し、阪神本線甲子園駅が跨いでいた。
◎甲子園　1972（昭和47）年4月1日　撮影：矢崎康雄

甲子園線浜甲子園を道路側から撮った写真。浜甲子園一帯は阪神がいち早く郊外の住宅地として開発した地域で、甲子園線は
その新しい住民の交通手段として開業した歴史を有する。
◎浜甲子園　1964（昭和39）年12月20日　撮影：J.WALLY HIGGINS

大正・昭和時代の時刻表

1961（昭和36）年の時刻表。当時の特急は非貫通湘南窓の2扉クロスシート車3011形。前年のダイヤ改正で4連化されていた。停車駅も前年のダイヤ改正で梅田〜三宮間の途中駅に停車するようになった（停車駅は時刻表下記参照）。時刻表を見ると、何故か三ノ宮駅になっている。阪神は三宮駅である。国鉄の三ノ宮駅と混同した記載である。下段は併用軌道線や支線の欄。西大阪線、阪神なんば線の前身にあたる伝法線や翌年廃止の尼崎海岸線の路線名も見られる。

右の縦状のものは、併用軌道が多かった時代の阪神本線の案内。運転間隔や賃金（運賃）とともに、駅ではなく停留所名として梅田から掲載され、神戸側は三宮と神戸（滝道）が存在した。

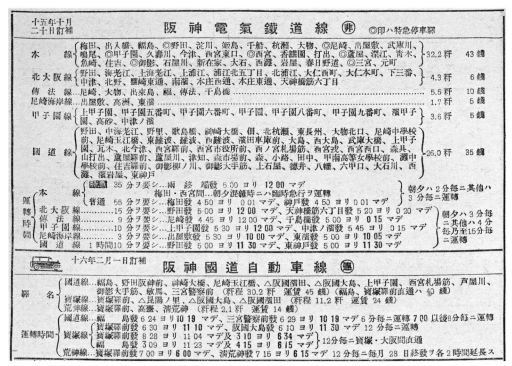

1940（昭和15）年の時刻表。太平洋戦争前の時代。戦前製の「喫茶店」スタイルやセンコウなど小型車が高い技術水準で花開いていた時代。翌年には真珠湾攻撃があり、戦時色が濃くなってゆく。併用軌道線や支線の欄を見ると、甲子園線が中津浜まで、尼崎海岸線が東浜まで運行していた時代である。下は阪神国道自動車線。乗合自動車の案内である。

2章
モノクロフィルムで記録された
阪神電気鉄道

先頭は1111形1115。オール明かり窓付の車両による編成。写真右側の改札口の向うに松並木。写真ではわかりづらいが、この駅は武庫川の上。時々勘違いしている方がおられるが、武庫川女子大学はこの駅が最寄り駅ではなく、隣の鳴尾駅が最寄り駅で、2019（令和元）年10月から鳴尾・武庫川女子大前駅へ改称している。◎武庫川　1960（昭和35）年7月　撮影：白井 昭

阪神本線

阪神電鉄にとって大型車導入は長年
の宿願だった。国鉄や阪急に所要時
間で劣勢を強いられてきたなかで、
その突破口が小型車から大型車への
移行だった。1954（昭和29）年に登
場の特急用3011形は、新時代の阪神
の幕開けを象徴し、デビュー後も長
く注目の的だった。
◎梅田
1959（昭和34）年11月21日
撮影：宮地 元（RGG）

急行梅田～西宮の種別行先板を付けた881形899。左に写るのは車掌で、運転台室は写真右側。喫茶店スタイルの折戸貫通扉の後ろや車掌が立つスペースは、客室との仕切りがなく、車掌は乗客と共有していた。
◎梅田　1962（昭和37）年8月9日　撮影：矢崎康雄

1141形1143。リベットの少ないすっきりした車体で、戦前期の溶接技術の向上が感じられた。また、1121形まで取り付けて製造されていた前面裾部のアンチクライマーを付けなくなり、よりスマートな印象だった。
◎梅田　1956（昭和31）年3月　撮影：白井 昭

赤胴車とネーミングされた最初の形式3501形で特急新開地行。渦巻きデザインの「うずしお」のマークが付くが、臨時ではなく通常運行の列車。鳴門の渦潮観潮へ向けて、神戸港を出航する船と連絡する列車にマークを取り付けていた。
◎梅田　1975（昭和50）年4月2日　撮影：岩堀春夫（RGG）

801形823。801形なのに前面が喫茶店スタイルの貫通扉が見られる3枚窓である。これは被災車の復旧にあたって前面も改造されたためで、この当時は元から喫茶店スタイルの貫通扉を持つ車両が多く、ターミナル駅ではあっちこっちも「喫茶店」扉ということもあった。◎梅田　1956（昭和31）年3月　撮影：白井 昭

阪神本線の大阪側の起点である梅田（現・大阪梅田）駅は国鉄大阪駅の南側にあり、1939（昭和14）年3月に地下化されている。この地上には梅田阪神ビルが建てられ、入居していた阪神マートは戦後、阪神百貨店に発展した。この写真では、曽根崎交差点を挟んで、この阪神百貨店と阪急百貨店が向かい合うように建っている。一方、この時期は大阪駅南側が再開発される前で、現在のような高層の駅前ビル群は誕生しておらず、バラックの建物も残っていた。◎撮影：朝日新聞社　文：生田誠

高架化前の大物駅の様子。写真左側に建設中の高架が写っている。写る車両はジェットシルバーのコンビ。片運転台の5201形5201と5202。ステンレスを外板に使用したセミステンレス車両。人気のジェットシルバーだったが、写真の翌年1977（昭和52）年3月に廃車となった。◎大物　1976（昭和51）年9月27日　撮影：岩堀春夫（RGG）

建設中の高架の横を走る青胴車5201形5204。大物駅の高架化は写真の翌年1978（昭和53）年3月。阪神電鉄は、写真の年の12月に軌道法による軌道から地方鉄道法による鉄道になった。大物は「だいもつ」と読み「平家物語」に登場する地名。
◎大物　1976（昭和51）年12月10日　撮影：岩堀春夫（RGG）

大物駅および付近の高架工事の様子。7861形・7961形の7972が写る。同形は2両編成用として1966（昭和41）年に登場。写真の7972は1968（昭和43）年竣工。準急梅田〜西宮の種別方向板を掲げる。
◎大物〜尼崎　1976（昭和51）年9月27日　撮影：岩堀春夫（RGG）

「センコウ」と愛称された小型旧性能車を改造した事業用車両。写真の152は1121形から1965（昭和40）年に改造。色は赤茶。架線作業用の事業用車両で、蓄電池で動く。他の事業用車両の牽引によって現場へ。現場で自走した。
◎尼崎車庫　1976（昭和51）年6月30日　撮影：岩堀春夫（RGG）

写真右側は西大阪線。尼崎駅ホームの高架化は1963（昭和38）年だった。大物駅から尼崎駅へ向かう本線に乗ると尼崎工場・車庫が眼下に見渡せる。駅の開業は1905（明治38）年。車庫の完成のほうが早く、前年の1904(明治37)年であった。
◎尼崎　1976（昭和51）年12月13日　撮影：岩堀春夫（RGG）

113ほかの車番のある事業用車両。無蓋の荷物台を備え、凸型電機のような風貌を見せていた。
◎尼崎　1960（昭和35）年7月　撮影：白井 昭

尼崎工場・車庫（写真右）横を走る851形852。明かり窓が並ぶ人気の小型車であった。阪神と言えば小型車の力走と言われ、電動車が並んだ編成は名物だったが、一方で大出力のモーターを載せられず、高速走行を維持するために、コストの掛かる電動車の編成に成らざるを得ないという難点があった。
◎尼崎　1960（昭和35）年7月
撮影：白井 昭

66年前の尼崎車庫と推察する写真。手前はセンコウの1111形、奥は861形かと思われる。ともに側面窓上に明かり採り用の窓が並び、戦前期の技術水準が高い時代に設計・製造された阪神の名車たちである。
◎尼崎車庫　1955（昭和30）年1月　撮影：白井 昭

制御電動車の7801形7830。7801形・7901形で、7901形は付随車。後の赤胴車は両開き扉が勢力を誇るようになるが、阪神の初期の赤胴車と言えば、やはりこの片開き扉に思い出を持つファンの人も多いことだろう。
◎尼崎　1968（昭和43）年5月15日　撮影：矢崎康雄

プラットホーム高架工事後の尼崎駅構内。高架完了は1963（昭和38）年だった。この高架工事前から広い駅構内で、しかも阪神随一の工場と車庫を備える。まさに阪神電鉄の中枢的な駅で、かつては尼崎車庫の敷地に本社があったほどだ。
◎尼崎　1968（昭和43）年5月15日
撮影：矢崎康雄

3701形3704。3601形・3701形は、阪神の急行系車両のMT編成化を推し進めた形式。神戸高速鉄道東西線開業や昇圧を前に小型車の置き換えや大型車時代への変換が強く求められ、そうした中で登場した。経済面でも全電動車編成に比べて効率的なMT編成化を軸に様々な箇所でコストを抑制して増備が行われた。◎尼崎　1968（昭和43）年５月15日　撮影：矢崎康雄

武庫川上ですれ違う赤胴車と青胴車。奥に武庫川駅のプラットホームが見える。現在ではプラットホームが延伸されており、このようなのどかな景色ではない。まさに川の涼風に吹かれながら撮影もできたスポットだった。
◎武庫川　1960（昭和35）年7月　撮影：白井 昭

1111形1117。1111形は311形をベースに鋼体化した形式。写真は単行でやってきた新聞電車。ずばり「新聞」という種別
板を掲げている。色々撮影している中で、このような新聞電車が走って来ると、良いアクセントになっただろう。
◎武庫川　1960（昭和35）年7月　撮影：白井 昭

ほかの881形とは異なり、神戸側にパンタグラフを設置した881形901。武庫川を渡る風景で、写真奥が武庫川駅。この武庫川駅は正真正銘の橋上にある駅で、武庫川の上のホームから川を眺めることができる。
◎武庫川　1960（昭和35）年7月
撮影：白井 昭

とても開放的な雰囲気だった当時の武庫川駅。今も橋の上にある駅だが、ホーム延伸でこのような雰囲気を楽しめない。夏の日、川からの風を感じられただろう。爽快な風景で1111形1120ほかの編成がよりモダンに見える。
◎武庫川　1960（昭和35）年8月　撮影：白井 昭

甲子園駅は阪神甲子園球場が近いだけではなく、併用軌道線の阪神甲子園線も接続した駅だった。881形903（写真左）と831形831が並ぶ。ともに「喫茶店」と呼ばれて親しまれた貫通扉。831形は、中央運転台の801形から変更され、左の端へ運転台を寄せ、貫通扉付近や右端を乗客に開放した。831の貫通扉背後に子どもが立ち、右端（写真向かって左）に乗客が写る。
◎甲子園　1960（昭和35）年7月　撮影：白井 昭

881形888。この時代は実に「喫茶店」スタイルの貫通扉の車両が多いので、写真が出てくるたびに「喫茶店」と書かねばならず、読者の方の中にはくどいように思われる方も居られるだろうが、解説なので書かないわけにもいかない。それだけ当時は「喫茶店」スタイルの貫通扉が日常風景であった。前からやってくる電車では乗客は前を向き、写真のように走り去る写真では、乗客が背を向けている。当たり前のことだが、長い窓が特徴だった貫通扉だと、それがよくわかる。
◎甲子園　1960（昭和35）年7月　撮影：白井 昭

801形827。5枚窓の前面から貫通幌が飛び出し連結しているシーン。前面も側面も窓全開。左の801形819の窓から手が伸び、右側の827の写真右端の人は保護棒に手が伸びているが、2人とも手が熱くなりそうだ。左の子どもがランニングシャツで昭和の子どもらしい。真ん中のポロシャツ姿の男性が粋である。◎甲子園　1960（昭和35）年7月　撮影：白井 昭

甲子園駅へ颯爽と入線する3011形特急。1954（昭和29）年に竣工、運行開始。阪神電鉄で初めての高性能車電車。写真当時は梅田～三宮間ノンストップ運転だったが、この年の9月から西宮駅等の途中駅が停車駅になった。1964（昭和39）年に前面貫通化改造、ロングシート化が行われ、3561形・3061形へ改番されている。
◎甲子園　1960（昭和35）年8月　撮影：白井 昭

両運転台の赤胴車3301形の3304がやってきた。3301形・3501形は1958（昭和33）年から翌年に製造。まだ小型車が多数だった時代に製造され、小型車時代から大型車時代への転換期に阪神の近代化と大型車化を大きく前進させた。
◎甲子園 1972（昭和47）年4月1日　撮影：矢崎康雄

片運転台の3501形3520がくっ付いている編成。製造後13年ほどで冷房改造前の時代。写真左端、小学生の二人連れの向うに阪神パークの動物園のアイドルだった象のPRイラストが見られる。有名な同園のレオポン（ライオンとヒョウの交配種）とともに親しまれた。◎甲子園　1972（昭和47）年４月１日　撮影：矢崎康雄

制御電動車と付随車による7801形・7901形の編成。7801形7807の右側に団地が写るように、1960年代から急速に人口が増加していった阪神間にあって、ラッシュ対応のための車両の増備が急務とされ、7801形・7901形などの形式はラッシュのRをとってR車とも呼ばれた。◎甲子園 1972（昭和47）年４月１日　撮影：矢崎康雄

3501形3519。3301形・3501形は両運転台車と片運転台車があり、3501形は片運転台車。六甲山の山容を背景に甲子園駅を発車して小さくなっていく赤胴車の急行。線路周辺の風景も現在は変わっている。
◎甲子園　1972（昭和47）年4月1日　撮影：矢崎康雄

阪神本線の甲子園駅と、阪神甲子園球場付近の空撮写真である。駅の高架下を通る道路が大きくカーブしているのは、ここがかつて枝川の流路であった名残である。この頃は、甲子園球場の東側に甲子園阪神パークが存在した。この遊園地は戦前、鳴尾浜公園付近にあり、戦後の1950 (昭和25) 年に移転して再開された。その後、一部が住宅展示場となり、2003 (平成15) 年に閉園して、現在はららぽーと甲子園になっている。現在、球場の北側には阪神高速3号神戸線が通っている。
◎撮影：朝日新聞社　文：生田誠

今や懐かしい今津駅付近の踏切風景。写真左端に阪神電鉄による「遮断機がおりているときにくぐるの(以下は隠れて見えない)歩行の方は地下道もご利用下さい」という案内板が立っている。今津駅の高架化は阪神電鉄では遅く、2001(平成13)年だった。
◎今津　1976(昭和51)年12月16日　撮影：岩堀春夫(RGG)

高架化前の今津駅。ジェットシルバーが入線。最後の夏を走っていた時代で、翌年３月に廃車。今も昔も引退が近い車両に注
目が集まるのは同じ。ジェットカー黎明期の車両で、２両限定のジェットシルバーだけに、名残を惜しむファンが多かった。
◎今津　1976（昭和51）年７月26日　撮影：岩堀春夫（RGG）

急行
876

在りし日の西宮東口駅。相対式ホーム2面2線の駅で改札口が各ホームの端にあるタイプだった。861形876を先頭にした急行が通過する。通過なのでホームのベンチに座る人が座ったまま。夏の暑い日、ホーム上屋下や右側の木蔭で電車を待つ人たちが写る。
◎西宮東口　1960（昭和35）年7月
撮影：白井 昭

801形801。「バンドマン」が走り去る。後追い撮影なのでわからないが、801形は走ってくる先頭から見た場合、運転士が貫通扉向うに立ち、左右に設置された運転機器を操っているように見えた。現在のように超望遠レンズが手軽になった時代であれば、そういうシーンも切り取って撮影してみたいものだ。車体は半鋼製車体でリベットが目立った。
◎西宮～西宮東口　1960（昭和35）年７月　撮影：白井 昭

801形は30両も製造された。写真は801形810。前面５枚窓の迫力ある面構え。このような戦前期の各車が同じ撮影地で待っているだけで色々やってきた時代。現在ならお宝級古参電車だ。
◎西宮～西宮東口
1960（昭和35）年７月
撮影：白井 昭

831形847を先頭にした急行。現在とは隔世の感がある61年前の風景。当時は小型車が連なる編成の鼓動を聞きながら沿道を散歩することができた。現在は高架線になっており、今津～西宮間の西宮東口駅は、2001（平成13）年３月の高架化で西宮駅へ統合され廃止となった。◎西宮～西宮東口　1960（昭和35）年７月　撮影：白井 昭

851形861。851形は元町延長の際に製
造された形式。アンチクライマーを付け
ず、リベットを極力少なくしたスマート
な車体。しかも明かり窓が洒落ていた。
「喫茶店」一派の人気車であった。
◎西宮　1960（昭和35）年7月
撮影：白井 昭

881形901。851形から続いた「喫茶店」貫通扉スタイルの最終バージョンの製造グループ。881形は910まで製造された。写真の901は戦時中の資材不足でモーターを搭載しない制御車として登場。電動車ではない制御車にも関わらずパンタグラフを搭載した異端車。しかも神戸側にパンタグラフのある珍しい車両だった。
◎西宮　1960（昭和35）年7月
撮影：白井 昭

渦潮観潮の船と連絡した電車に取り付けられた「うずしお」マーク付の赤胴車3501形3502と湘南窓時代の特急3011形。3011形の特急マークが装飾付の円形マークではなく四角の特急マークに変わっている。
◎西宮　1970（昭和45）年　撮影：山本雅生

801形は、併用軌道から脱却して専用軌道化へ向かう中でステップレス車として1926（大正15）年に製造された。当初は401形だったが、写真当時はすでに801形へ改形式を行っていた。特急の種別板が誇らしげで、阪神、阪急、省線で競い合っていた頃の花形時代の一枚。後年、乗降口にステップが付くが、写真はステップのない颯爽としたスタイルを写真記録した貴重な一枚である。◎香櫨園　1934（昭和9）年　撮影：高田隆雄

801形813。急行運用のバンドマン。中央に運転台、左右に機器を配したためそう呼ばれた。大型車にあわせてプラットホームを改良したため、小型車の801形の乗降口にステップを取り付け、それが並ぶ様子が写る。
◎打出　1960（昭和35）年　撮影：中西進一郎

梅田～三宮ノンストップ時代の3011形特急。ノンストップ時代と梅田～三宮間特急途中駅停車時代を見分ける簡単な方法は、その両数。3両編成時代はノンストップで、4両編成以降は梅田～三宮間の途中駅にも停車した。
◎芦屋　1957（昭和32）年　撮影：高田隆雄

駅名の読みは「おおぎ」。難読駅名だ。写真はおよそ半世紀前の青木駅でジェットシルバーが写る。駅の高架化工事が長い期間行われていたが、2019(令和元)年の上り線高架化で島式ホーム２面４線の高架駅となった。
◎青木　1970(昭和45)年　撮影：山本雅生

601形618。601形は、阪神初の半鋼製車体車。大正後期製。登場時はまだ併用軌道区間が多く、前後の乗降扉にホールディングステップを装着(写真当時は撤去済)。写真を見るとわかるように、中間の乗降扉だけが上がっており、これは高床扉になっていて、適合する急行停車駅で使用した。写真年代的に大型車が登場前で、乗降口にホームとの隙間を埋めるステップが付いていない状態が写る。なお、601形の604が野上電気鉄道へ譲渡され運行していたことでも知られる形式。現在604は阪神電鉄へ帰り保管されている。◎住吉　1950(昭和25)年　撮影：亀井一男

861形869。貫通扉のデザインから「喫茶店」と呼ばれたスタイル一派で、最も技術が充実した時期に登場したグループのうちの1両。採光用の明かり窓ももちろん付いていたが、写真を見ると明かり窓が塞がれているのがわかる。戦中、灯火管制で明かり窓を省略して製造された他形式があり、こうしたことも影響していたのか、それとも別の理由なのだろうか。塞がれていると物悲しい。◎御影　1950年代　撮影：亀井一男

装飾付きの円い特急種別が華々しく見えた3011形特急。写真は3両編成時代。1960（昭和35）年のダイヤ改正までは3連だった。ダイヤ改正で4連となり、1963（昭和38）年のダイヤ改正で5連化された。
◎石屋川　1959（昭和34）年　撮影：中西進一郎

西大阪線（現・阪神なんば線）

53年前の西九条。写真は国鉄大阪環状線と国鉄西九条駅。阪神西大阪線の西九条駅は左。1964（昭和39）年5月に伝法線から西大阪線へ改称。改称翌日21日に千鳥橋〜西九条間が開業した。長らくここで線路は終わり、行止まりの高い高架駅だった。
◎西九条　1968（昭和43）年5月15日　撮影：矢崎康雄

1965(昭和40)年登場の西大阪線特
急。3501形3508に専用の特急マー
クが付く。西大阪線特急は千鳥橋〜
西九条間開業の翌年から運転開始。
ただし、9年という短命で終わり、
1974(昭和49)年12月に西大阪線
特急は姿を消した。
◎西九条
1968(昭和43)年5月15日
撮影：矢崎康雄

尼崎〜西九条間の方向板を付けた青胴車5261形5266。1500Vへの昇圧後に登場した5261形。阪神で初めて新製された1500V用電車として1967（昭和42）年から翌年に登場し、5261形5266はその時に製造の10両のうちの1両。
◎西九条　1968（昭和43）年5月15日　撮影：矢崎康雄

同じく尼崎〜西九条間の方向板を付けた青胴車。5201形5210。青胴車登場前に試験的に5001形が登場。その湘南窓タイプのジェットカーに対して、量産車として前面貫通式のスタイルで誕生したのが5101形・5201形。5201形は片運転台車で、5101形は両運転台車である。◎西九条　1968（昭和43）年5月15日　撮影：矢崎康雄

当時は西九条駅終着で、尼崎〜西九条の方向板を付けた青胴車が行ったり来たりと、時々西大阪線特急が姿を現す具合で、現在の阪神なんば線と比べてしまうと変化に乏しい線区だった。写真は5201形5209。
◎西九条　1968（昭和43）年5月15日　撮影：矢崎康雄

終着駅は形式写真を撮るには都合が良い。折り返し運転までの間、プラットホーム停車中に色々見たり写真を撮ったり、今度は発車していく電車もゆっくり撮影できる。パンタグラフのない車両はパンタが架線柱に被る心配もなく、すっきりした写真が撮れる。写真は5261形5265。◎西九条　1968（昭和43）年5月15日　撮影：矢崎康雄

発車を後追いした5261形5265をさらに追従して撮影。これは鉄道撮影ファンの習性かもしれない。当時は何気なく撮った写真でも、53年も経てば歴史的な写真になる。背景に写る風景は半世紀前の界隈だ。
◎西九条　1968（昭和43）年5月15日　撮影：矢崎康雄

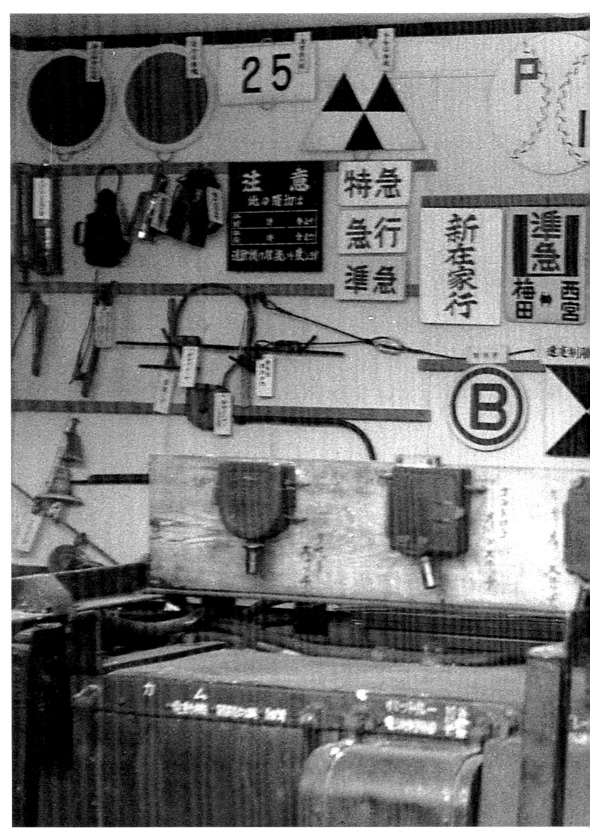

阪神電鉄の教習所でのひとコマ。今見ると、鉄道歴史博物館のように見えるが、当時通常利用されていた標識などが並ぶ。写真上を見ると、阪神タイガースノンストップ電車のマークも見られる。◎1960（昭和35）年7月　撮影：白井 昭

小型車の扉は戦前期の多数に採用されていた「喫茶店」と呼ばれた折戸の貫通扉と運転台室（左）。その名のとおり、喫茶店の
扉みたいに洒落ていたから。戦前期の阪神モダニズムの古きよき時代を伝えていた。
◎1960（昭和35）年7月　撮影：白井 昭

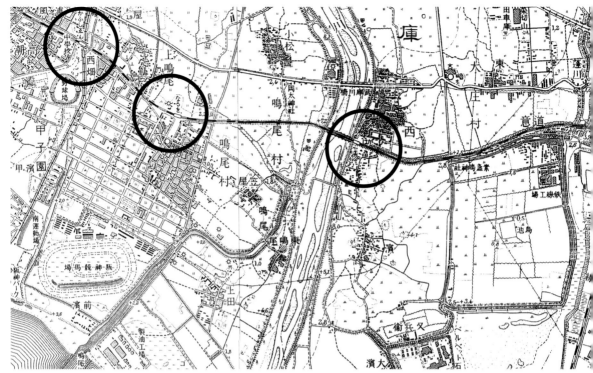

地図中央には武庫川の流れがあり、その右（東）側に武庫川駅が置かれている。この駅から延びる武庫川線は第二次世界大戦中に開業したため、ここには描かれていない。武庫川駅の隣駅は鳴尾駅で、移転する前の阪神競馬場の最寄り駅だった。この駅は2019（令和元）年、鳴尾・武庫川女子大前駅に改称している。左上には甲子園駅、野球場が見える。◎文：生田誠

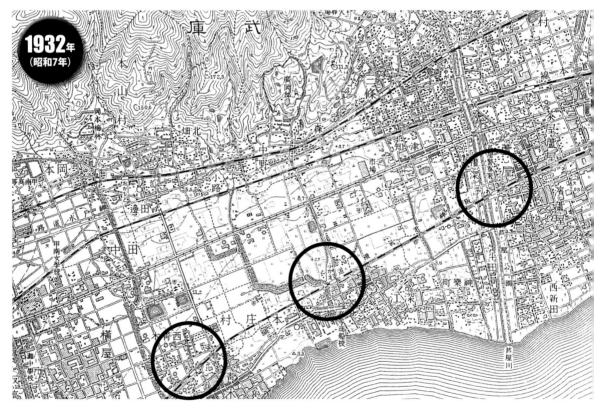

このあたりでは北から阪急神戸線、国鉄の東海道本線、阪神本線が東西に走っており、その間には阪神国道線も存在した。置かれている駅の数は、国鉄が最も少なく、次いで阪急、多いのが阪神である。阪神本線には東から芦屋、深江、青木の3駅が見える。現・芦屋市は、芦屋村などが合併、成立した精道村が1940（昭和15）年に市制を施行して誕生したものである。◎文：生田誠

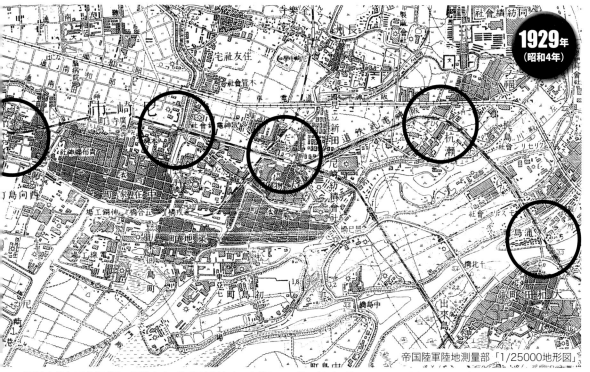

阪神本線と西大阪（現・阪神なんば）線が合流する大物駅、尼崎駅付近の地図である。大物駅近くを南北に走るのは、現在は廃止されている国鉄福知山線の支線（尼崎港線）で、終着駅は尼崎港駅だった。阪神間を走る鉄道路線のうち、最も南側にある阪神本線は古くから開けた地域を走っていたが、この時期の南側は工場が多く、北側には農地が広がっている。◎文：生田誠

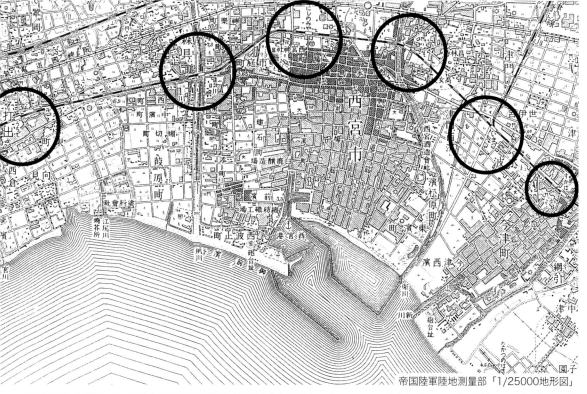

この西宮市の地図では、阪神本線と国鉄東海道本線がかなり接近して走っていることがわかる。一方、国鉄の西ノ宮（現・西宮）駅と阪神の西宮駅は少し離れた場所にあり、連絡する最寄り駅として、阪神本線には西宮東口駅が置かれていた（2001年に廃止）。一方、現在の隣駅である今津駅には、隣接して阪急の今津駅が置かれており今津線が延びている。◎文：生田誠

軌道線（国道線、北大阪線、甲子園線）

北大阪線と国道線の起点だった野田。構内は阪神本線野田駅の高架脇にあった。写真右側に写るのは阪神本線の高架。1961（昭和36）年12月に阪神本線が高架となったが、阪神本線の高架前には国道線や北大阪線と軌道がつながっていた。
◎野田　1973（昭和48）年7月29日　撮影：岩堀春夫（RGG）

国道線と北大阪線のターミナルだった野田には、国道線と北大阪線で運行する様々な併用軌道線用車両を見ることができた。写真は31形90で車庫のある浜田の方向板を掲げている。ちなみに停留所名は浜田車庫前である。写真右上は阪神本線野田駅の高架駅。◎野田　1972（昭和47）年4月1日　撮影：矢崎康雄

阪神野田の国道2号と201形207。背後の立派なビルは「ニュー野田阪神ビル」。野田は阪神本線のほか、併用軌道線の国道線、同北大阪線が交わる阪神のターミナル駅で大阪市電の野田阪神電車前停留所もあり（写真当時は廃線）、現在も大阪メトロ（元大阪市営地下鉄）千日前線野田阪神駅が存在し、交差点名ほか野田阪神は地域名として知られている。
◎野田付近　1972（昭和47）年4月1日　撮影：矢崎康雄

北大阪線の終点、天神橋筋六丁目の風景。夕方から夜にかけての街の様子が伝わってくる。写真手前側で写っていないが、京阪神急行電鉄（略して阪急、現・阪急電鉄）の天神橋駅ターミナルビルが古色蒼然とした姿で建っていた。写真当時の天神橋駅機能は地下駅の天神橋筋六丁目駅へ移っていたが、ビルは2010（平成22）年に解体されるまで、新京阪時代からのターミナルビルの面影を残していた。◎天神橋筋六丁目　1974（昭和49）年10月29日　撮影：岩堀春夫（RGG）

中津の国鉄貨物線を越える跨線橋にて。トラス橋の下は梅田貨物線。左隣のトラス橋は阪急の各線。1形7と31形35のすれ違いシーン。中津停留所の位置から撮影と思われる。◎中津　1972（昭和47）年4月1日　撮影：矢崎康雄

中津停留所と31形35。右側の鉄塔に「野田方面のりば」と記された案内が見られる。案内の左には停留所名の中津と、その
下に両隣の停留所名があり、野田寄りが東大淀、天神橋筋六丁目寄りが北野と案内されている。
◎中津　1972（昭和47）年4月1日　撮影：矢崎康雄

写真上は阪神本線の甲子園駅。併用軌道甲子園線ののりばは真下にあった。甲子園線の沿線には阪神甲子園球場のほか、阪神パーク、浜甲子園の団地などがあり、阪神によって開発された新天地が広がっていた。
◎甲子園　1960（昭和35）年7月　撮影：白井 昭

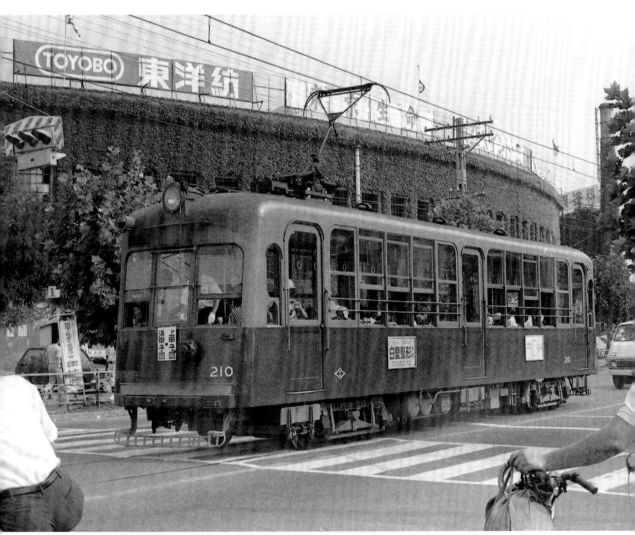

蔦で覆われた甲子園球場の前を走る201形210。甲子園球場では、撮影の翌日から全国高等学校野球選手権大会が開催された。201形210は1943（昭和18）年竣工。戦時下による夏の甲子園中止期間に竣工した。甲子園球場近くの甲子園阪神パークには、201形210と同年竣工の215が保存されていた。◎甲子園　1973（昭和48）年8月7日　岩堀春夫（RGG）

金魚鉢のニックネームで親しまれた71形。阪神国道電車を代表する名物形式であり、特に沿線で見て育ったファンにとっては
その思いもひとしおだろう。この71形79は兵庫県伊丹市の園芸店にて展示されていたが、現在は滋賀県の民間企業敷地へ移
設され、有志によって大切に保存活動が行われている。◎上甲子園　1973(昭和48)年5月3日　岩堀春夫(RGG)

甲子園線が折り返した浜甲子園。写真のようにプラットホームを備え、浜甲子園団地に暮らす住民によく利用された。この先、海岸側の中津浜へ向けての区間は1945（昭和20）年に休止となり、復活することなく写真と同年の9月に廃止となった。
◎浜甲子園　1973（昭和48）年5月3日　撮影：岩堀春夫（RGG）

尼崎海岸線

出屋敷駅と阪神尼崎海岸線。金魚鉢が発車待ちをしている。元は出屋敷〜東浜間の路線だったが、写真の少し前の4月に高洲
〜東浜間が長い休止を経て廃止に。当時は出屋敷〜高洲間の運行でわずか1kmの路線だった。同線は写真の翌々年にあたる
1962（昭和37）年の12月に廃止された。◎出屋敷　1960（昭和35）年7月　撮影：白井 昭

阪神電鉄の各駅データ
【本線】

大阪梅田　おおさかうめだ
【所在地】大阪府大阪市北区梅田3
　　　　大阪駅前地下街6号
【開業】1906（明治39）年12月21日
【キロ程】0.0km（大阪梅田起点）
【ホーム】5面4線
【乗降人員】169,732人（2019年度）

福島　ふくしま
【所在地】大阪府大阪市福島区福島5-8-10
【開業】1905（明治38）年4月12日
【キロ程】1.1km（大阪梅田起点）
【ホーム】2面2線
【乗降人員】11,304人（2019年度）

野田　のだ
【所在地】大阪府大阪市福島区海老江1-1-11
【開業】1905（明治38）年4月12日
【キロ程】2.3km（大阪梅田起点）
【ホーム】2面4線
【乗降人員】33,183人（2019年度）

淀川　よどがわ
【所在地】大阪府大阪市福島区海老江8-17-3
【開業】1905（明治38）年4月12日
【キロ程】3.3km（大阪梅田起点）
【ホーム】2面2線
【乗降人員】5,262人（2019年度）

姫島　ひめじま
【所在地】大阪府大阪市西淀川区姫里1-26-14
【開業】1905（明治38）年4月12日（稗島→姫島）
【キロ程】4.4km（大阪梅田起点）
【ホーム】2面2線
【乗降人員】14,312人（2019年度）

千船　ちぶね
【所在地】大阪府大阪市西淀川区佃2-2-33
【開業】1921（大正10）年1月5日
【キロ程】5.9km（大阪梅田起点）
【ホーム】2面4線
【乗降人員】16,945人（2019年度）

杭瀬　くいせ
【所在地】兵庫県尼崎市杭瀬本町1-1-1
【開業】1905（明治38）年4月12日
【キロ程】6.8km（大阪梅田起点）
【ホーム】2面2線
【乗降人員】8,796人（2019年度）

大物　だいもつ
【所在地】兵庫県尼崎市大物町2-1-1
【開業】1905（明治38）年4月12日
【キロ程】8.0km（大阪梅田起点）
【ホーム】3面4線
【乗降人員】5,981人（2019年度）

尼崎　あまがさき
【所在地】兵庫県尼崎市東御園町93
【開業】1905（明治38）年4月12日
【キロ程】8.9km（大阪梅田起点）
【ホーム】4面6線
【乗降人員】41,523人（2019年度）

出屋敷　でやしき
【所在地】兵庫県尼崎市竹谷町2-35
【開業】1905（明治38）年4月12日
【キロ程】10.1km（大阪梅田起点）
【ホーム】2面2線
【乗降人員】12,792人（2019年度）

尼崎センタープール前
あまがさきせんたーぷーるまえ
【所在地】兵庫県尼崎市水明町373-6
【開業】1952（昭和27）年9月14日
【キロ程】10.8km（大阪梅田起点）
【ホーム】3面4線
【乗降人員】9,320人（2019年度）

武庫川　むこがわ
【所在地】兵庫県尼崎市大庄西町1-1-1
【開業】1905（明治38）年4月12日
【キロ程】12.0km（大阪梅田起点）
【ホーム】2面2線（本線）
【乗降人員】28,933人（2019年度）

鳴尾・武庫川女子大前
なるお・むこがわじょしだいまえ
【所在地】兵庫県西宮市里中町3-13-18
【開業】1905（明治38）年4月12日
　　　　（鳴尾→鳴尾・武庫川女子大前）
【キロ程】13.32km（大阪梅田起点）
【ホーム】2面2線
【乗降人員】24,746人（2019年度）

甲子園　こうしえん
【所在地】兵庫県西宮市甲子園七番町1-1
【開業】1924（大正13）年8月1日
【キロ程】14.1km（大阪梅田起点）
【ホーム】3面6線
【乗降人員】54,968人（2019年度）

久寿川　くすがわ
【所在地】兵庫県西宮市今津曙町13-25
【開業】1905（明治38）年4月12日（今津→久寿川）
【キロ程】14.8km（大阪梅田起点）
【ホーム】2面2線
【乗降人員】4,425人（2019年度）

今津　いまづ
【所在地】兵庫県西宮市今津曙町1-1
【開業】1926（大正15）年12月19日
【キロ程】15.4km（大阪梅田起点）
【ホーム】2面2線
【乗降人員】33,382人（2019年度）

西宮　にしのみや
【所在地】兵庫県西宮市田中町1-16
【開業】1905（明治38）年4月12日
【キロ程】16.7km（大阪梅田起点）
【ホーム】2面4線
【乗降人員】48,577人（2019年度）

香櫨園　こうろえん
【所在地】兵庫県西宮市松下町1-1
【開業】1907（明治40）年4月1日
【キロ程】17.8km（大阪梅田起点）
【ホーム】2面2線
【乗降人員】11,201人（2019年度）

打出　うちで
【所在地】兵庫県芦屋市打出小槌町13-12
【開業】1905（明治38）年4月12日
【キロ程】19.0km（大阪梅田起点）
【ホーム】2面2線
【乗降人員】15,925人（2019年度）

芦屋　あしや
【所在地】兵庫県芦屋市公光町11-10
【開業】1905（明治38）年4月12日
【キロ程】20.2km（大阪梅田起点）
【ホーム】2面2線
【乗降人員】29,542人（2019年度）

深江　ふかえ
【所在地】兵庫県神戸市東灘区深江北町4-1-8
【開業】1905（明治38）年4月12日
【キロ程】21.5km（大阪梅田起点）
【ホーム】2面2線
【乗降人員】18,277人（2019年度）

青木　おおぎ
【所在地】兵庫県神戸市東灘区北青木3-2-1
【開業】1905（明治38）年4月12日
【キロ程】22.6km（大阪梅田起点）
【ホーム】2面4線
【乗降人員】15,352人（2019年度）

魚崎　うおざき
【所在地】兵庫県神戸市東灘区魚崎中町4-7-1
【開業】1905（明治38）年4月12日
【キロ程】23.8km（大阪梅田起点）
【ホーム】2面2線
【乗降人員】30,120人（2019年度）

住吉　すみよし
【所在地】兵庫県神戸市東灘区住吉宮町5-1-1
【開業】1905（明治38）年4月12日
【キロ程】24.6km（大阪梅田起点）
【ホーム】2面2線
【乗降人員】2,877人（2019年度）

御影　みかげ
【所在地】兵庫県神戸市東灘区御影本町4-12-4
【開業】1905（明治38）年4月12日
【キロ程】25.1km（大阪梅田起点）
【ホーム】2面4線
【乗降人員】27,313人（2019年度）

石屋川　いしやがわ
【所在地】兵庫県神戸市東灘区御影石町2-23-12
【開業】1905（明治38）年4月12日
【キロ程】25.7km（大阪梅田起点）
【ホーム】1面2線
【乗降人員】6,838人（2019年度）

新在家　しんざいけ
【所在地】兵庫県神戸市灘区新在家北町1-4-1
【開業】1905（明治38）年4月12日（東明→新在家）
【キロ程】26.6km（大阪梅田起点）
【ホーム】2面2線
【乗降人員】11,523人（2019年度）

大石　おおいし
【所在地】兵庫県神戸市灘区船寺通1-4-2
【開業】1905（明治38）年4月12日
【キロ程】27.6km（大阪梅田起点）
【ホーム】2面4線
【乗降人員】9,688人（2019年度）

西灘　にしなだ
【所在地】兵庫県神戸市灘区都通5-5-1
【開業】1927（昭和2）年7月1日
【キロ程】28.2km（大阪梅田起点）
【ホーム】2面2線
【乗降人員】5,128人（2019年度）

岩屋　いわや
【所在地】兵庫県神戸市灘区岩屋北町4-1-1
【開業】1905（明治38）年4月12日
【キロ程】28.8km（大阪梅田起点）
【ホーム】2面2線
【乗降人員】11,413人（2019年度）

春日野道　かすがのみち
【所在地】兵庫県神戸市中央区吾妻通1-1-131
【開業】1905（明治38）年4月12日
【キロ程】29.9km（大阪梅田起点）
【ホーム】2面2線
【乗降人員】16,017人（2019年度）

神戸三宮　こうべさんのみや
【所在地】兵庫県神戸市中央区小野柄通8-1-8
【開業】1905（明治38）年4月12日
　　　　（神戸→三宮→神戸三宮）
【キロ程】31.2km（大阪梅田起点）
【ホーム】2面3線
【乗降人員】113,112人（2019年度）

元町　もとまち
【所在地】兵庫県神戸市中央区元町通2-10-2
【開業】1936（昭和11）年3月18日
【キロ程】32.1km（大阪梅田起点）
【ホーム】1面2線
【乗降人員】19,319人（2019年度）

【阪神なんば線】

尼崎　あまがさき
【所在地】兵庫県尼崎市東御園町93
【開業】1928 (昭和3) 年12月28日
【キロ程】0.0km (尼崎起点)
【ホーム】4面6線
【乗降人員】11,507人 (2019年度)

大物　だいもつ
【所在地】兵庫県尼崎市大物町2- 1- 1
【開業】1924 (大正13) 年1月20日
【キロ程】0.9km (尼崎起点)
【ホーム】3面4線
【乗降人員】2,100人 (2019年度)

出来島　できじま
【所在地】大阪府大阪市西淀川区出来島1-13- 6
【開業】1930 (昭和5) 年12月30日
【キロ程】2.3km (尼崎起点)
【ホーム】2面2線
【乗降人員】10,584人 (2019年度)

福　ふく
【所在地】大阪府大阪市西淀川区福町2- 3-28
【開業】1924 (大正13) 年1月20日
【キロ程】3.3km (尼崎起点)
【ホーム】2面2線
【乗降人員】13,123人 (2019年度)

伝法　でんぽう
【所在地】大阪府大阪市此花区伝法3-14-50
【開業】1924 (大正13) 年1月20日
【キロ程】4.8km (尼崎起点)
【ホーム】2面2線
【乗降人員】8,267人 (2019年度)

千鳥橋　ちどりばし
【所在地】大阪府大阪市此花区四貫島1- 1-43
【開業】1924 (大正13) 年8月1日
【キロ程】5.5km (尼崎起点)
【ホーム】2面2線
【乗降人員】9,581人 (2019年度)

西九条　にしくじょう
【所在地】大阪府大阪市此花区西九条3-15-13
【開業】1964 (昭和39) 年5月21日
【キロ程】6.3km (尼崎起点)
【ホーム】2面2線
【乗降人員】37,648人 (2019年度)

九条　くじょう
【所在地】大阪府大阪市西区九条1-25- 8
【開業】2009 (平成21) 年3月20日
【キロ程】7.6km (尼崎起点)
【ホーム】1面2線
【乗降人員】14,452人 (2019年度)

ドーム前　どーむまえ
【所在地】大阪府大阪市西区千代崎3- 2-14
【開業】2009 (平成21) 年3月20日
【キロ程】8.2km (尼崎起点)
【ホーム】1面2線
【乗降人員】9,882人 (2019年度)

桜川　さくらがわ
【所在地】大阪府大阪市浪速区桜川3- 8- 3
【開業】2009 (平成21) 年3月20日
【キロ程】9.0km (尼崎起点)
【ホーム】1面2線
【乗降人員】5,654人 (2019年度)

大阪難波　おおさかなんば
【所在地】大阪市府大阪市中央区難波4- 1-17
【開業】2009 (平成21) 年3月20日
【キロ程】10.1km (尼崎起点)
【ホーム】2面3線
【乗降人員】34,858人 (2019年度)

【武庫川線】

武庫川　むこがわ
【所在地】兵庫県西宮市武庫川町2-15
【開業】1943 (昭和18) 年11月21日
【キロ程】0.0km (武庫川起点)
【ホーム】1面2線
【乗降人員】439人 (2019年度)

東鳴尾　ひがしなるお
【所在地】兵庫県西宮市東鳴尾町1- 7-12
【開業】1943 (昭和18) 年11月21日
【キロ程】0.7km (武庫川起点)
【ホーム】1面2線
【乗降人員】2,165人 (2019年度)

洲先　すざき
【所在地】兵庫県西宮市東鳴尾町2-17-10
【開業】1943 (昭和18) 年11月21日
【キロ程】1.1km (武庫川起点)
【ホーム】1面1線
【乗降人員】1,831人 (2019年度)

武庫川団地前　むこがわだんちまえ
【所在地】兵庫県西宮市上田東町4-83
【開業】1984 (昭和59) 年4月3日
【キロ程】1.7km (武庫川起点)
【ホーム】2面2線 (通常は1面1線のみ使用)
【乗降人員】7,799人 (2019年度)

【神戸高速線】

元町　もとまち
【所在地】兵庫県神戸市中央区元町通2-10- 2
【開業】1968 (昭和43) 年4月7日
【キロ程】0.0km (元町起点)
【ホーム】1面2線
【乗降人員】10,152人 (2019年度)

西元町　にしもとまち
【所在地】兵庫県神戸市中央区元町通6- 7-11
【開業】1968 (昭和43) 年4月7日
【キロ程】1.5km (元町起点)
【ホーム】2面2線
【乗降人員】4,463人 (2019年度)

高速神戸　こうそくこうべ
【所在地】兵庫県神戸市中央区多聞通3- 3-13
【開業】1968 (昭和43) 年4月7日
【キロ程】2.2km (元町起点)
【ホーム】2面4線
【乗降人員】26,788人 (2019年度)

新開地　しんかいち
【所在地】兵庫県神戸市兵庫区新開地2- 3 B- 1
【開業】1968 (昭和43) 年4月7日
【キロ程】2.8km (元町起点)
【ホーム】2面3線 (神戸電鉄は除く)
【乗降人員】23,717人 (2019年度)

大開　だいかい
【所在地】兵庫県神戸市兵庫区水木通7- 1 B- 1
【開業】1968 (昭和43) 年4月7日
【キロ程】3.8km (元町起点)
【ホーム】2面2線
【乗降人員】4,937人 (2019年度)

高速長田　こうそくながた
【所在地】兵庫県神戸市長田区北町1- 2
【開業】1968 (昭和43) 年4月7日
【キロ程】4.8km (元町起点)
【ホーム】2面2線
【乗降人員】15,975人 (2019年度)

西代　にしだい
【所在地】兵庫県神戸市長田区御屋敷町2- 6- 1
【開業】1968 (昭和43) 年4月7日
【キロ程】5.7km (元町起点)
【ホーム】2面2線
【乗降人員】5,093人 (2019年度)

※各種資料をもとに編集部にて作成

阪神電鉄の年表

1893（明治26）年12月27日	神戸～尼崎間を結ぶ神阪電気鉄道について、谷新太郎をはじめとする神戸の財界人らが出願。
1894（明治27）年3月22日	神阪電気鉄道が摂津電気鉄道と改称する。
1899（明治32）年6月12日	摂津電鉄の設立が農商務省から免許される。
1899（明治32）年7月7日	摂津電気鉄道が阪神電気鉄道と改称する。
1905（明治38）年4月12日	大阪の出入橋（廃止）～神戸（三宮を経て廃止）間が開業。ボギー車の電車が投入され、阪神間を90分で運転。
1905（明治38）年5月29日	阪神間の所要時間が80分に短縮、10分間隔に増発。
1905（明治38）年9月16日	阪神間の所要時間が72分に短縮、9分間隔に増発。
1906（明治39）年12月21日	本線の出入橋～梅田間が仮線で延伸開業する。
1907（明治40）年11月14日	阪神間の所要時間が66分に短縮、6分間隔に増発。
1910（明治43）年1月20日	現在の阪神なんば線の一部となる尼崎～野田間の軌道敷設特許を出願。
1910（明治43）年5月26日	後の阪神北大阪線となる北大阪電気軌道が、野田～天神橋間の軌道敷設を特許される。
1911（明治44）年1月10日	阪神電鉄が北大阪電軌を合併する。
1912（大正1）年11月1日	神戸駅が三宮駅に改称、三宮～神戸（後に廃止）間が延伸開業。
1913（大正2）年12月30日	灘循環電気軌道（現・阪急神戸線の一部）が創立総会を開催。
1914（大正3）年6月12日	本線の出入橋～梅田間が複線化。
1914（大正3）年8月19日	北大阪線の野田～天神橋筋（後の天神橋筋六丁目）間が開業。
1914（大正3）年9月28日	阪神間の所要時間が62分に短縮。
1917（大正6）年8月13日	鳴尾運動場で第3回全国中等学校優勝野球大会（現在の夏の高校野球大会）を開催。
1919（大正8）年6月1日	本線で「千鳥式運転」を実施。阪神間の運転時間が58分となる。
1920（大正9）年2月28日	阪神国道（国道2号）への軌道敷設特許を出願。後の国道線。
1920（大正9）年7月16日	阪神急行電鉄（現・阪急電鉄）が阪神と並行する神戸線を開業。
1921（大正10）年11月7日	本線での2両連結運転、急行運転が開始。急行56分、普通63分がそれぞれ12分間隔で交互に運転、平均6分間隔での運転となる。
1922（大正11）年10月30日	兵庫県から枝川・申川の廃川敷を譲受。この後、甲子園として開発される。
1924（大正13）年1月20日	伝法線（現・阪神なんば線）の大物～伝法間が開業。
1924（大正13）年8月1日	伝法線（現・阪神なんば線）の伝法～千鳥橋間が延伸開業。
1924（大正13）年8月1日	甲子園大運動場（現・阪神甲子園球場）が開場。本線に甲子園駅（臨）が開業。
1926（大正15）年7月16日	甲子園線の甲子園～浜甲子園間が開業。甲子園駅を常設の駅に格上げ。
1926（大正15）年12月19日	従来の今津駅を久寿川駅と改称し、新たに今津駅が開業。
1926（大正15）年12月25日	阪神国道（国道2号）が開通。
1927（昭和2）年7月1日	阪神国道電軌の西野田（後に野田に統合して廃止）～神戸東口（後の東神戸）間が開業。これと本線が交差する地点に西灘駅が開業。
1928（昭和3）年4月1日	阪神電鉄が阪神国道電軌を合併し、同社の軌道線を国道線とする。
1928（昭和3）年7月11日	甲子園線の甲子園～上甲子園間が延伸開業。
1928（昭和3）年12月28日	伝法線の大物～尼崎間が延伸開業。
1929（昭和4）年4月1日	阪神国道自動車が営業開始。阪神電鉄系列のバス事業の始まり。
1929（昭和4）年4月14日	後の尼崎海岸線となる、今津出屋敷線の出屋敷～東浜間が開業。
1929（昭和4）年7月27日	本線の大石～住吉間が高架化され、本線の併用軌道が廃止。阪神間の所要時間が最短で48分に短縮。
1929（昭和4）年12月26日	3両編成での運転が開始。
1930（昭和5）年7月9日	今津出屋敷線の浜甲子園～中津浜間が開業。後に甲子園線に統合。
1930（昭和5）年12月30日	伝法線に出来島駅が開業。
1932（昭和7）年3月10日	阪神系列の六甲越有馬鉄道（現・六甲摩耶鉄道）のケーブルカーが開業。
1933（昭和8）年6月17日	本線の岩屋～神戸（現・三宮）間が地下線で延伸開業。特急が運転開始、阪神間を35分で運転。
1935（昭和10）年12月10日	大阪野球倶楽部（現・阪神タイガース）球団設立。
1936（昭和11）年3月18日	本線の神戸駅を三宮駅と改称し、三宮～元町間が延伸開業。
1937（昭和12）年3月3日	梅田阪神ビルが着工。
1937（昭和12）年8月10日	本線の特急でラッシュ時に5両連結運転開始。
1939（昭和14）年3月21日	梅田駅が地下化して現在地に移転。
1942（昭和17）年3月16日	本線の特急でラッシュ時に6両連結運転開始。

1943 (昭和18) 年11月21日	武庫川線の武庫川〜洲先 (初代) 間が開業。
1944 (昭和19) 年8月17日	武庫川線の武庫川〜武庫大橋間が延伸開業。
1944 (昭和19) 年11月15日	武庫川線の武庫大橋〜西ノ宮 (現・西宮) 貨物駅間が延伸開業。東海道本線と接続。
1945 (昭和20) 年10月3日	甲子園球場が連合国軍に接収される。
1945 (昭和20) 年12月30日	本線で急行が運転再開。梅田〜三宮間を所要時間42分で運転。
1950 (昭和25) 年5月7日	本線で急行がスピードアップし、阪神間36分運転となる。
1951 (昭和26) 年7月19日	尼崎海岸線の高洲〜東浜間が休止。
1954 (昭和29) 年9月15日	大型高性能電車3011形による特急が運転が開始。阪神間をノンストップ25分で結んだ。
1958 (昭和33) 年7月24日	本線で5001形「ジェットカー」が運転開始。
1959 (昭和34) 年11月16日	本線で5201形「ジェットシルバー」が運転開始。阪神初のステンレスカー。
1961 (昭和36) 年4月1日	球団が阪神タイガースに改称。
1962 (昭和37) 年12月1日	尼崎海岸線の出屋敷〜高須間廃止。尼崎海岸線が全廃。
1963 (昭和38) 年6月27日	梅田阪神ビル新館が完成。旧館と合わせて大阪神ビルと呼称。
1964 (昭和39) 年5月20日	伝法線が西大阪線と改称。
1964 (昭和39) 年5月21日	西大阪線の千鳥橋〜西九条間が延伸開業。
1965 (昭和40) 年9月15日	西九条〜元町間で、西大阪駅から本線に直通する特急が運転開始。
1966 (昭和41) 年1月20日	武庫川線の洲先駅が移転。武庫川線が約0.6キロ短縮される。
1967 (昭和42) 年8月10日	西大阪線の西九条〜九条間が着工。
1967 (昭和42) 年11月12日	本線・西大阪線・武庫川線が架線電圧600Vから1500Vに昇圧。
1968 (昭和43) 年3月17日	本線と西大阪線にATS (自動列車停止装置) を装備。
1968 (昭和43) 年4月7日	神戸高速鉄道が開業。同線を介して山陽電鉄の須磨浦公園まで直通運転開始。山陽電鉄の電車は本線の大石まで乗り入れた。
1969 (昭和44) 年12月14日	国道線の西灘〜東神戸間が廃止。
1970 (昭和45) 年7月1日	冷房車が運転を開始。
1972 (昭和47) 年10月5日	尼崎駅に自動改札機を設置。
1974 (昭和49) 年3月17日	国道線の上甲子園〜西灘間が廃止。
1974 (昭和49) 年12月1日	西大阪線の特急が廃止。
1975 (昭和50) 年5月6日	国道線・甲子園線の野田〜浜甲子園間、北大阪線全線が廃止。阪神の路面電車が全廃。
1983 (昭和58) 年4月30日	阪神電鉄の全車両が冷房化。
1984 (昭和59) 年4月3日	武庫川線の洲先〜武庫川団地前間が延伸開業。
1985 (昭和60) 年6月28日	本社を尼崎市から大阪市の梅田に移転。
1992 (平成4) 年5月18日	本社を梅田から福島区海老江に移転。
1993 (平成5) 年9月5日	本線の梅田〜野田間が地下新線に切り替えられる。福島駅が地下化。
1995 (平成7) 年1月17日	阪神・淡路大震災が発生。阪神電鉄は全線の運転を中止。
1995 (平成7) 年2月1日	三宮〜高速神戸間が運転再開。
1995 (平成7) 年3月1日	特に被害が甚大だった御影〜西灘間を除き、本線が復旧。
1995 (平成7) 年6月26日	御影〜西灘間が復旧、本線全線が復旧。
1995 (平成7) 年8月13日	神戸高速鉄道の新開地〜高速長田間が復旧。山陽電鉄との連絡が回復。
1995 (平成7) 年11月1日	阪神初のVVVFインバータ制御の5500系電車が運転開始。
1998 (平成10) 年2月15日	山陽電鉄との乗り入れ区間を山陽姫路まで拡大。梅田〜山陽姫路間の直通特急が運転開始。
2000 (平成12) 年10月1日	武庫川線でワンマン運転が開始。
2001 (平成13) 年3月3日	西宮駅が移転して高架化。西宮東口駅が西宮に統合されて廃止。
2001 (平成13) 年3月10日	西宮市内の高架化工事が完成。セミクロスシートを備えた急行用9300系電車が営業運転開始。
2001 (平成13) 年7月10日	西九条〜近鉄難波 (現・大阪難波) 間建設のため、西大阪高速鉄道が設立。
2005 (平成17) 年9月27日	村上ファンドが阪神株を大量に取得し、筆頭株主となっていたことが判明。
2006 (平成18) 年10月1日	阪急と阪神が経営統合し、阪急HDは阪急阪神ホールディングスと改称。阪神は同社の完全子会社となる。
2009 (平成21) 年3月20日	西大阪線を阪神なんば線と改称、西九条〜大阪難波間が延伸開業。九条、ドーム前、桜川の各駅が開業。三宮〜近鉄奈良間で近鉄難波線、同奈良線と相互直通運転が開始。
2012 (平成24) 年3月20日	快速急行の運転区間を神戸高速線新開地駅まで拡大する。
2014 (平成26) 年4月1日	三宮駅を神戸三宮駅に改称、全駅に駅ナンバリングを導入する。
2019 (令和元) 年10月1日	梅田駅を大阪梅田駅に、鳴尾駅を鳴尾・武庫川女子大前駅に改称する。

※年表は諸資料をもとに編集部において作成。

沿線の市史に登場する阪神電鉄(各市史より抜粋)
『大阪市史』

阪神電気鉄道の開業

大阪近郊の鉄道網の整備には、これまで述べてきた関西鉄道による大阪鉄道の統合、それら私鉄の国有化のほか、国有化後の動きとして起こってきた軽便鉄道ブームと、大都市を中心に勃興しはじめた電気鉄道熱が大きな役割を果たしたことが上げられよう。「満鉄株」(南満州鉄道株式会社の株式)を中心とした建設資金による、いわば第三次鉄道熱が到来したわけである。

例えば明治40(1907)年2月、安田善次郎らによって東京ー大阪間を結ぶ全線複線の電気鉄道の敷設を目的とした資本金1億円の日本電気鉄道の設立が計画されたことは、それが官設の東海道線と競合するところから、政府の設立認可を得ることができなかったにせよ、当時の電気鉄道熱がいかに旺盛であったかを示すに足りるものであった。さらに、国有化が決まった阪鶴鉄道の重役(大株主)による箕面有馬電気軌道の設立計画は、第三次鉄道熱と鉄道国有化との密接な関連を端的に示すものとされている。

大阪市域と郊外を結ぶ箕面有馬電気軌道(現阪急)、京阪電気鉄道(現京阪)、阪神電気鉄道(現阪神)、南海鉄道(現南海)などの郊外電車もこの時期に創業している。これら関西主要電鉄の成立過程を簡単にみておこう。

阪神電気鉄道は、わが国で最初に専用軌道によって都市間を高速で結んだ鉄道で、26年に大阪ー神戸間の営業を企図して出願された。この計画は神戸側資本を中心とし、28年5月にかけて四次にわたり発起人追加が行われ、社名も神阪電気鉄道から摂津電気鉄道へ変更された。神戸側の計画より1年半遅れて、大阪でも有力財界人を中心に坂神電気鉄道の創立が発起された。また、これとは別に大阪ー尼崎間の電気鉄道を計画するグループもあったが、後者の計画に吸収された。神戸・大阪両派は29年7月に合併して資本金150万円の摂津電気鉄道として出願された。社名を含め、形式的には神戸側が主導権を握ったかにみえるが、途中で大阪側に主導権

が移った(『阪神電気鉄道80年史』)。

しかし、官設鉄道と競走線となる摂津電気鉄道のこの路線は私設鉄道法では許可とならず、軌道として広軌専用路線のまま再出願された。そして、軌道の直接の監督官庁である内務省の見解が逓信省鉄道局を押さえた形で、30年6月に神戸ー尼崎間、翌年8月に尼崎ー大阪間が特許された。これ以後、これは各地の都市間電気鉄道認可の先例となり、実質的に国有鉄道との競走をいたるところで登場させる端緒になった(青木栄一「日本の鉄道・京阪神圏(大阪近郊)鉄道のあゆみ V」)。

32年7月、摂津電気鉄道は社名を阪神電気鉄道と改称したが、建設は資金不足や「広軌高速」問題なども生じ難航を極めた。ようやく会社創立7年半後の38年4月に至って、大阪出入橋(現福島区)と神戸三宮間(現神戸市)を開業した。営業開始に先立ち運輸従業員を採用し、甲武鉄道・京浜電気鉄道・京都電気鉄道など、先発電気鉄道会社で運転技術の訓練を受けさせている。(阪神電気鉄道株式会社「営業報告書(明治38年度前半期)」)。阪神は中間の駅が官鉄よりも多く、電車の本数も多くし乗客のサービス(フリークエントサービス)に徹した。中間の駅では明らかに阪神のほうが有利であり、運賃も官鉄の3等36銭に対して、阪神は20銭であった。このため官鉄では大阪から神戸行きの乗客は約半数となり、三宮からは3分の1に減少し、中間駅から大阪・神戸両市への乗降客は3分の2以上の減少となって、大打撃を蒙った(青木前掲論文)。

官鉄側も乗客減少について対抗策を立てた。例えば40年11月から新橋ー横浜間および大阪ー明石間に、わが国最初の名称を付けた列車といわれる「労働列車」を運転し、割引往復乗車券を発売している。前者は京浜電鉄、後者は阪神電鉄に対して競走の態度に出たものであったという(『大阪毎日新聞』明治40.10.30、11.1)。

『尼崎市史』

阪神電鉄の開通

　阪神電気鉄道株式会社が日露戦争前安田財閥の援助を得て軌道の建設をすすめつつあったことは前節において述べたが、戦争中も工事は継続しておこなわれ、明治38（1905）年3月には阪神間30キロメートルの複線軌道が完成した。4フィート8インチ半（1.435メートル）の広軌であった。車両は当時一般に使用されていた小型四輪車ではなく、長さ13.3メートル、定員80人の大型ボギー車30両がはじめてアメリカから輸入され、尼崎の車両工場で組み立てられた。車両の窓は大きくとり、電燈照明もあかるく、腰掛もビロード張りで、当時最新式のものであった。

　4月12日開業、午前5時から午後10時まで12分ごとに発車、阪神間を1時間30分で走った。停留場は全線34カ所、そのうち市域には杭瀬・大物・尼崎（庄下）・出屋敷・蓬川・武庫川の6ヵ所が設置された。料金は、大阪出入橋ー神戸間が20銭、大阪出入橋ー尼崎間・尼崎ー西宮間がそれぞれ5銭であった。官線との平行路線であるため開業前には経営があやぶまれ、それを反映して株価も払込額を割っていたといわれるが、開業してみると予想外の好成績であった。官線に比較すると、阪神間の旧市街を通過しており中間駅が多いこと、発車回数が多いこと、料金が安いこと（官線は阪神間3等が36銭）などが阪神電車の利用者を多くした原因であった。そのため「大阪駅の調査によると大阪より神戸行の乗客は約半数となり、三宮よりの乗客は3分の1を減じ、中間駅より阪神両市への乗降客は3分の2以上の減少を示せり」（『大阪毎日新聞』明治38.4.16）と伝えられるほど、官線の利用者が阪神電車に吸引された。1年後には5〜6分ごとに発車間隔を短縮し、また阪神間72分とスピードアップも行ない、「待たずに乗れる阪神電車」のキャッチフレーズを実現したので、いよいよ利用者は増加し、業績は好調をつづけた。この阪神電鉄の好成績に刺激されて、大阪を中心とする郊外電鉄がその後あいついで設立され、関西の私鉄網発達の基礎となった。

阪神国道と国道電車の開通

　阪神地域の交通量の増大は、鉄道のみでなく自動車・自転車・荷馬車などの増加ともなってあらわれた。尼崎市と小田村とのみについてみても人力車の衰退にかわって、大正8（1919）年市内にはじめて1台あらわれた自動車は、昭和3（1928）年には40台となり、自転車は数倍となった。このような諸車両の増加は、旧来の不完全な道路を文字どおり隘路とした。とくに阪神両市をむすぶ国道線は旧市街地を屈曲して通過し、きわめて不便であったのでその改築が必要となっていた。大正8年の道路構造令では国道の幅員は4間（7.2メートル）以上と規定されたにもかかわらず、阪神旧国道は広いところでも3間、せまいところでは1間のところさえ残っていたのである。

　7年末ごろから県では大阪府とともに政府にはたらきかけていたが、8年になって改築工費の半額国庫補助が決定したので、ただちに県会では5ヵ年継続事業として新国道建設を議決し、8月より測量に着手した。はじめは山の手線・中央線・海岸線の3案があったが、内務省がそのうち山の手線に決定したのは9年10月のことであった。しかし着工は、設計変更などのためにおくれ、12年12月武庫川第2期改修工事起工式とあわせて国道改築工事起工式が武庫川東堤防でおこなわれた。完成は3年後の15年12月であった。

　ところが新国道建設が決定すると、国道上に電車を走らせようという企画があらわれた。まず9年2月利害関係の深い阪神電鉄では大阪ー神戸間の軌道敷設を出願したが、それについで摂津電気、阪神電気軌道両社の発起人からもそれぞれ出願した。摂津電気はまもなく出願を取り下げたので、阪神電鉄と阪神電軌とは政府の勧告によって妥協し、阪神国道電軌株式会社を設立することとなった。また国道上の敷設について大阪府の同意が得られなかったので、神戸ー杭瀬間に変更し、12年2月その認可が阪神電鉄におりた。阪国電軌は14年8月に正式に創立され、ただちに阪神電鉄から特許権を譲りうけて突貫工事をおこない、昭和2年7月1日から開業した。阪国電軌は、翌3年4月に阪神電鉄が買収合併した。

　軌道が敷設されたために、国道の幅員ははじめの計画の12間から、軌道敷の3間を加えて15間（27.2メートル）に拡張された。中央の軌道の両側にそれぞれ4間の車道、2間の歩道をもち、ほとんど直線的に阪神間を貫くアスファルト舗装の新国道は、阪神間の交通の大動脈としての役割を果たしたばかりでなく、なお当時田畑が多かったその沿道の開発にも大きな効果を及ぼしたのである。（以上、主として阪神電気鉄道株式会社『輸送奉仕の50年・および運輸省所蔵「鉄道省文書」による）。

『西宮市史』

阪神国道改築と国道電車の開通

　大阪・神戸の二大都市を結ぶ道路は、近世の初期に造られたといわれる中国街道があるにすぎず、当時国道線に指定されていたが、その幅員はわずか3.6メートル（2間）の個所が多く、広いところで5.5メートル（3間）をこえず、舗装もおこなわれていない砂利敷き土砂道であった。大阪から十三に出、神崎を通って西下、尼崎にはいり西進して武庫川を渡り、鳴尾・今津を経て西宮を通り、打出・芦屋を経て神戸に至る間、市街地を通過するところが多く、また屈曲も多いので、しだいに増加する交通量を処理するにはきわめて不適当であった。加うるに自動車など高速度交通機関の発達、阪神両市産業経済の成長、両市間の地域開発などが年とともにいちじるしくなるので、本道路の根本的な改築が緊急に必要となった。

　そこで大阪府と兵庫県から、本道路改築のため国庫補助を申請する運びとなった。政府は工費の2分の1（武庫大橋については3分の2）を国庫から補助することとし、大正8（1919）年第41回帝国議会に提案し、まず大正8年度における補助予算を決定し、大正9年度以降は道路改良継続費の内から補助額を決めることとした。兵庫県においては大正8年度から大正12年度に至る5か年継続事業とし、総工費予算1,030万円としその半額は国庫補助により、他の半額は起債によることを決め、大正8年通常県会の議決を経、いよいよ着工することになった。

　本工事は改築とはいってもまったく新しく曲折のすくない道路を建設するのであったから、路線の選定には慎重な研究調査をかさねた結果、大正9年11月24日、内務省告示第105号をもって国道第2号線の改築路線として告示決定をみた。

　新国道は大阪市の旧野田村からほぼ直線コースで西北に向かい、左門殿川をこえて川辺郡小田村梶ヶ島（現尼崎市）で兵庫県にはいって左にカーブ、西進して武庫川を越え現西宮市域にはいり、鳴尾村小曽根・鳴尾を経、枝川廃川敷を通過し、瓦木村下瓦林・下新田、今津町今津・大箇・津門を通り、旧西宮町北端をすぎて夙川を渡り、大社村森具を経て精道村打出（現芦屋市）にはいり、ここからはおよそ旧西国街道の山路に沿って西進して神戸に向かい、旧西灘村味泥（現神戸市）において旧国道に会し、敏馬神社前を通って神戸市に達するものであった。その延長5里23町51間（約22キロ）である。工事は主として県の直営施行と決められ、武庫川改修工事と密接な関係があるので、両工事を合わせて管理するために、大正9年2月全線中央の西宮町に工営所が設置された。道路の幅員は、計画当初12間（21.6メートル）であった。ところが大正9年2月、阪神電車から新国道上に電車軌道敷設の出願がなされ、その後ほかに2件の出願があった。そこで軌道併置の得失ならびに必要な設計変更、経費増額の措置につき検討がなされた結果、大正12年2月、阪神電車の出願を許可することに決した。こうして道路幅員は15間に広げられ、中央3間（5.5メートル）を軌道とし、その左右各4間（7.2メートル）を車道、その両側各2間（3.6メートル）を歩道にあて、市街地においては街渠を設けて歩・車道を区別、郊外地においては境界壁により区別するよう設計された。工事はまず測量調査から着手、大正8、9両年度に実施した。その後、設計変更などで着工がおくれたので、5か年の予定継続年期を3か年延長して大正15年度までと改め、大正12年に新しい設計が決定してから工程を急ぎ、大正15年12月25日竣工開通をみた。

　電車敷設の特許は、阪神電車が受けたのであるが、同社はそのまま事業をおこなうために阪神国道電軌株式会社を新しく設立し、大正14年3月特許権を譲渡した。軌道敷設工事は新会社によりおこなわれ、国道改築工事とともに順調に進捗し、昭和2（1927）年5月17日に竣工、7月1日から開業した。現西宮市域には上甲子園ほか7停留所が設けられた。なお昭和3年4月、阪神電車は阪神国道電軌株式会社を買収合併した。阪神国道の改築が阪神両都市間の交通にもたらした効果はきわめていちじるしい。